实用汉语教师培训教材系列

汉语语法教学

李德津 金德厚 著

北京语言大学出版社
BEIJING LANGUAGE AND CULTURE
UNIVERSITY PRESS

图书在版编目(CIP)数据

汉语语法教学／李德津,金德厚著.—北京:北京语言大学出版社,2009.12（2021.8重印）

（实用汉语教师培训教材系列）

ISBN 978-7-5619-2590-4

Ⅰ.汉… Ⅱ.①李…②金… Ⅲ.汉语–语法–对外汉语教学–教学法–师资培训–教材 Ⅳ.H195.3

中国版本图书馆 CIP 数据核字(2009)第 235816 号

书　　名:	汉语语法教学
责任编辑:	金季涛
封面设计:	张　静
责任印制:	周　燚

出版发行:	北京语言大学出版社
社　　址:	北京市海淀区学院路 15 号　邮政编码:100083
网　　址:	www.blcup.com
电　　话:	发行部　82303650/3591/3651
	编辑部　82303390
	读者服务部　82303653
	网上订购电话　82303908
	客户服务信箱　service@blcup.com
印　　刷:	北京印迪数码科技有限公司
经　　销:	全国新华书店

版　　次:	2009 年 12 月第 1 版　2021 年 8 月第 6 次印刷
开　　本:	710 毫米 × 980 毫米　1/16　印张:16.5
字　　数:	253 千字
书　　号:	ISBN 978-7-5619-2590-4/H·09294
定　　价:	48.00 元

凡有印装质量问题,本社负责调换。　电话:82303590

序

随着国际上学习汉语的热潮持续升温,许多国家和地区都急需补充汉语教师,尤其需要补充业务基础较好、教学经验丰富的汉语教师。我国现有的对外汉语教师的数量远远不能满足客观需要,而且新教师们也需要通过各种形式的培训来提高业务素质。汉语(第二语言)教师队伍建设已经成为一项十分紧迫的任务。

汉语作为第二语言教学虽然已经发展成为一门专门的学科,也逐渐形成了自己的学科理论体系,但还是有一些有影响力的人士对汉语作为第二语言教学的性质和特点缺乏基本的认识,"只要会说汉语就能教外国人学汉语"的观念仍然普遍存在,这一情况严重地影响了汉语教师业务素质的提高。应当看到,汉语作为第二语言教学的质量并不能令人满意,是否会出现下降的趋势,也要引起足够的重视。有人这样评论汉语作为第二语言教学的现状:学汉语的人很多,学得好的人却很少;教汉语的人很多,教得好的人却很少。这话是否全面,我不敢断言,但至少可以作为警示。有一点我可以肯定:教得好一定是学得好的前提条件之一。不可否认,也有主要靠自学掌握一门第二语言的,不过我相信,如果他遇到一位好老师,就一定会学得更快、更好。

一个显而易见的道理是:要提高教学质量,就必须提高教师的素质;而要提高教师的素质,就不能不加强包括教学方法和教学技巧在内的教学研究。有人认为,教学方法和教学技巧的研究算不上理论研究。但事实是,教学方法和教学技巧是语言教学理论不可缺少的组成部分,这方面的研究成果可以直接指导教学，对提高教师的素质以及教学的效率和成功率具有十分重要的作用。开展教学方法和教学技巧的研究，不但要有一定的理论功底，而且还要有丰富的教学经验，这就使得我们不可能在短期内拿出有价值的成果。这大概是我们在这一领域的研究一直是一个薄弱环节的重要原因之一。在许多人对教学方法和教学技巧的研究望而生畏或者不屑一顾的情况下，几位教学经验丰富的中青年教师勇于挑战、潜心钻研，在借鉴前人研究成果的基础上，系统地总结了自己的教学经验和科研成果，终于写成了这套《实用汉语教师培训教材系列丛书》。这套丛书的主要内容就是关于教学方法和教学技巧的，它对当前普遍开设的汉语课程和课型的教学进行了较为全面的论述和介绍。可以说，这是迄今为止汉语教学法研究方面的最新、最全面的成果，也是汉语（第二语言）教师培训所迫切需要的好教材。

我是以十分欣喜的心情来看待这一成果的，因为这一成果的问世，在推动汉语作为第二语言教学的学科建设，尤其是在加强教师队伍建设方面，将会发挥积极的作用；这一成果的问世，也说明教学方法和教学技巧这个十分重要的研究领域在汉语作为第二语言教学界毕竟还没有被完全遗忘。借此机会，我以一个老汉语教学工作者的名义，谨向几位知难而进、辛勤耕耘的作者表示由衷的敬意，并向具有远见卓识的北京语言大学出版社表示由衷的感谢。

吕必松

2006年7月于北京

引　言

　　对外汉语教师首先要明确自己的任务——教的是实践汉语,不能大讲理论;理论要贯穿在教学过程当中。教师对汉语的语法知识应当很好掌握,但在教学中只能用这些知识来指导自己的教学工作。如果教了很多理论知识,而学生最后听不懂汉语,不认识汉字,不会说,不会读也不会写,那么不管理论讲得多么高深,多么系统和全面,也只能说这课上得不好,没完成教学任务。关键是,要教会学生运用汉语来听、说、读、写、译,而不能满堂灌输理论知识。其次,根据学生缺乏汉语语感的特点,要让他们多接触汉语,也就是说,在教材上已有生词和语法解释的译文的情况下,教师在课堂教学过程中,尽量不用学生的母语或国际通用语英语或其他中介语,而要牢牢记住,我们用的是相对的直接教学法,也就是,在课堂上要用汉语教汉语。

　　之所以要这样做,首先是因为学生是外国人,一般都缺乏汉语语感,我们应一开始就利用一切条件让学生多接触汉语。尤其是在课堂上,我们要用简单的课堂用语,伴以手势等其他手段,如眼神、表情、动作等肢体语言,以及实物、图片、周围环境等让学生明白教师的要求和意图;让需要表达的思想内容,直接和汉语的词汇、词组或句子联系起来,训练学生逐步养成直接用汉语、而不是通过翻译来听说汉语的习惯。当然,这对初次承担对外汉语教学任务的教师来说,困难是很多的。所以在上课之前,教师要非常细致地备课,每一个词、每一个简单的句子、每一个练习,以及教师的每一句话等,都要有如何让学生和教师配合默契的设想和准备。既不能不说话——"演哑剧",又要让学生按照教师的要求进行听、说、读、写的训练和实践,这就是我们对外汉语教师要练就的看家本领了。

其次,学生对母语是运用自如、毫不费劲的,而运用汉语,却是初学乍练,处处都会碰到拦路虎。所以他们一遇到困难,就会求助于教师,希望教师用翻译成外语的"捷径"来解决问题。这时,如果教师投其所好,课堂上用很多外语,就会助长学生的惰性,从而形成他们对外语的依赖性。这对掌握汉语来说,是绝对有害的。对外汉语教学的汉语课是实践课,是技能课,教师要尽量多地指导学生练汉语。

第三,课堂教学时间是有限的,而且对学生来说,也是十分宝贵的。不管是学生还是教师,说汉语都是要占用时间的;外语说得多了,练习汉语的时间自然就减少了。很多教师的外语水平很高,这本来是一个非常有利的条件,它可以帮助我们了解学生学习的难点所在,确定我们的教学重点;可以了解学生犯错误的原因,找到改正错误的有效途径和方法,等等。有的教师为图省事,觉得直接用外语来讲解汉语用法或规律,简单快捷,可以事半功倍,其实,今天省了一点儿事,却会为以后的教学带来更大的困难。也有个别教师认为借此机会还能提高自己的外语水平,这就更是舍本逐末。教师不适当地用外语占用学生的课堂时间,是绝对不能允许的,也是得不偿失的。当然,也不是"绝对"不能用外语,不宜走极端。如果碰到无法避免的拦路虎,用简单的外语可以解决问题时,也不妨用一下,这就是我们所说的"相对的直接教学法"。但是,一是要尽量少用,二是用了以后让学生记住中文的说法,再遇到时不成为生词。

最后,对在中国境内教不同国家学生组成的混合班汉语时,由于他们的母语不同,使用哪种外语都不合适。如果用多种语言来翻译,花费的时间更会成倍增长;而且,译成某一种外语时,其他母语的学生只能干听着,这无疑是极大的时间浪费。显然,这种做法太不合适了。

总之,对外国人的汉语教学,和母语为汉语者的国内语文教学有很多不同之处。因此,对外汉语教师必须经过培训才能上岗给学生上课,于是编一套培训教材就很有必要。

北京语言大学出版社的同志让我们编写其中的《汉语语法教学》分册。我们作为终身从事教外国人汉语和参加培训汉语教师工作的退休教师,看到全球汉语热的大好形势,理应发挥余热,为对外汉语教学事业尽一点儿微薄之力。

考虑到汉语教师来源比较广泛，不是只从汉语专业的毕业生中挑选出来的，所以本书从三方面提供一些材料。

首先介绍一些汉语语法的基本知识。当然是一个很简略的轮廓，只是教学中必须讲授的基本内容，教师可以据此在实际教学中加以增删。

二是在教学内容后面，介绍一些教学中的注意事项，供大家教学时参考。

三是为了有一个教学过程的整体、具体的印象，我们在本书的最后一章编写了四课14学时的教案举例。这绝不是让大家就按着这个教案去上课，而是给大家一个参考的模式。

当然，这不是对外汉语语法教学的全部内容。而且这些一得之见中还免不了有许多错误和不当之处，抛砖引玉，谨待专家、同行和其他同好者的批评指正。

希望本书能起到一点儿教学参考的作用。

李德津　金德厚

CONTENTS 目录

导　言　/1

第一章　词类　/6
　　第一节　名词　/6
　　第二节　代词　/9
　　第三节　形容词　/11
　　第四节　数词　/13
　　第五节　量词　/17
　　第六节　动词　/23
　　第七节　助动词　/27
　　第八节　副词　/31
　　第九节　介词　/34
　　第十节　连词　/36
　　第十一节　助词　/38
　　第十二节　象声词　/41
　　第十三节　叹词　/42
　　第十四节　兼类词　/43
　　第十五节　词头词尾　/44

第二章　词组　/46
　　第一节　联合词组　/46
　　第二节　偏正词组　/48

第三节　数量词组　/49

第四节　方位词组　/51

第五节　"的"字词组　/52

第六节　主谓词组　/53

第七节　动宾词组　/54

第八节　介宾词组　/56

第九节　补充词组　/58

第十节　同位词组　/59

第十一节　固定词组　/60

第三章　句子成分　/63

第一节　主语　/64

第二节　谓语　/66

第三节　宾语　/69

第四节　定语　/72

第五节　状语　/75

第六节　补语1（结果补语）　/78

第七节　补语2（程度补语）　/80

第八节　补语3（状态补语）　/82

第九节　补语4（数量补语）　/84

第十节　补语5（趋向补语）　/87

第十一节　补语6（可能补语）　/91

第四章　单句　/96

第一节　动词谓语句　/97

第二节　形容词谓语句　/98

第三节　名词谓语句　/99

第四节　主谓谓语句　/100

第五节　非主谓句　/102

第六节　陈述句　/104
　　第七节　疑问句　/105
　　第八节　祈使句　/111
　　第九节　感叹句　/112

第五章　动作的状态　/115
　　第一节　进行态　/115
　　第二节　持续态　/117
　　第三节　完成态　/119
　　第四节　变化态　/121
　　第五节　经历态　/123

第六章　特殊句式　/126
　　第一节　"是"字句　/127
　　第二节　"有"字句　/129
　　第三节　连动句　/131
　　第四节　兼语句　/134
　　第五节　"把"字句　/137
　　第六节　被动句　/140
　　第七节　存现句　/142

第七章　表示比较的方法　/146
　　第一节　用"跟"表示比较　/147
　　第二节　用"像"表示比较　/149
　　第三节　用"比"表示比较　/150
　　第四节　用"有"表示比较　/155
　　第五节　用"不如"表示比较　/156
　　第六节　用"越来越……"表示比较　/157

第八章　表示强调的方法　/160
　　第一节　用疑问代词表示强调　/161
　　第二节　用"就"表示强调　/162
　　第三节　用"是"表示强调　/163
　　第四节　用反问方法表示强调　/164
　　第五节　用"连"表示强调　/165
　　第六节　用两次否定表示强调　/167
　　第七节　用"是……的"表示强调　/168

第九章　复句　/171
　　第一节　联合复句　/172
　　第二节　偏正复句　/176
　　第三节　紧缩句　/179

第十章　教案举例　/182
　　第一节　概述　/182
　　第二节　教案举例之一　/186
　　第三节　教案举例之二　/195
　　第四节　教案举例之三　/213
　　第五节　教案举例之四　/232

导 言

一、几个基本概念

1. 第一语言与第二语言

这两个概念是按照人们获得语言的顺序来区分的。人出生以后首先获得的语言就是第一语言,获得第一语言后再学习和使用的语言就是第二语言。对大多数人来说,母语就是第一语言,母语之外学习和使用的语言统称为第二语言。但对在国外出生、成长的人来说,其第一语言可能是居住国的语言,母语反而成了其第二语言。因此,第一语言跟母语不一定完全等同,而第二语言也不一定是外语。就汉语来说,我们把对母语非汉语的留学生进行的汉语教学称为对外汉语教学。我们所说的汉语语法教学也就是汉语作为第二种语言的语法教学,也可以称为对外汉语语法教学。

本书所谈的,都属于对外汉语教学的范畴。

2. 理论语法与教学语法

我们所说的语法,是教学语法,而不是理论语法,因此基本上不涉及学术界有争议的问题。例如,上世纪50年代关于"倒装句"的大讨论的结论如何,基本不影响汉语教学,我们对此不必纠缠。汉语语法,特别是教学语法,是不太难的。但是作为教师,不论是理论语法还是教学语法都应当了解、掌握,这对自己确定如何去教学、重点讲什么、学生的难点在哪里,等等,都是很有好处的。

3. 语法教学与句型教学

语法是语言的三大要素(语音、语法、词汇)之一,语法教学是第二语言教学的重要内容。句型是语法规则的格式化、公式化,便于操作和记忆。语法教学应该与句型教学相结合,所以我们平时也常说"语法句型教学"。

二、汉语语法的主要特点

1. 汉语语法中,语序最重要

从句子的成分来看,一般句子可以有六个句子成分:主语、谓语、宾语、定语、状语和补语。汉语句子一般的语序是:

(定语)主语—(状语)谓语动词(补语)—(定语)宾语。

这和德语中动词最后出现、韩语中宾语在动词前边是完全不同的。

汉语动词没有形态变化,不用记很多这方面的规则。比如动词"是",无论人称(第一、二、三人称)、性别、数量、时间等有什么区别,形式都不变。所以,语序或者说词序就显得更为重要。

2. 虚词在汉语中扮演着很重要的作用

汉语里有很多虚词,虚词本身没有具体的意思,但是不同的虚词跟有实际意义的词语(实词)结合在一起时,就会有不同的意义。

比如动态助词"了、着、过":"看了"表示"看"的动作完成了;"看着"表示正在看;而"看过"则表示"看"的动作以前曾经发生。

再比如结构助词"的、地、得":"我的帽子"表示帽子的主人是"我","我"是定语;"客气地道谢"表示道谢时的态度很客气,"客气"是状语;"跑得快"表示跑的速度快,"快"是补语。

3. 汉语的量词特别多

对外国人来说,学习、掌握量词比较难。量词要逐个学习、记忆和使用。

比如"书",可以说"一本书、一套书、一批书",但是不能说"一张书、一条书、一支书"。

再比如"衣服",可以说"一件衣服、一套衣服、一身衣服",但是不能说"一本衣服、一张衣服、一粒衣服",等等。

三、重点和难点的处理

1. 确定语法教学的重点和难点

多数情况下,学习者的难点就是教学的重点,但是二者并不总是一致的。一些重点语法项目学生学起来可能很容易,一些学生的难点可能并不是我们教学的重点。教学中要把汉语语法的基本内容都教给学生,要让学生掌握语法规则和语法要点,比如句子的基本结构;还要对比其他语言,把其他语言中没有的、或者与汉语不一样的语法点作为教学重点,比如形容词谓语句、补语、虚词的用法,等等。

2. 突出重点、难点

对重点和难点要加强训练。例如动词"是、有、在"的用法,补语的不同类型的特点等。

3. 分散难点

有的句子结构比较复杂多样,如果集中教学,学生会觉得难点如倾盆大雨,难于接受、消化。我们可以把难点分散开来,学好一点,再学第二点,一步一个脚印地进行训练。例如,补语和"把"字句都是难点,可以根据先易后难的原则,把几种补语和"把"字句的几种格式分成几次教练。

四、汉语的语序和思维方式的建立

汉语的语序和思维方式是一致的,通常是先说"谁",再说什么时间、在什么地方,然后说做什么事情。这需要通过潜移默化,让学生逐步建立汉语的思维方式,把汉语变成他们自然表达的语言工具。以下几点是要通过训练让学生牢牢掌握的。

1. 宾语都在动词或者介词的后边

从句子结构来看,宾语一定在动词或介词后边。

比如,"告诉她"中"她"是动词"告诉"的宾语;如果说成"她告诉","她"就成了主语了。

再比如,"开花"中的"花"是动词"开"的宾语;如果说成"花开了","花"

就成了主语了。

再比如,"他对我说,……"中,"我"是介词"对"的宾语;如果说成"我对他说,……","我"就成了主语了。

2. 修饰语(定语、状语)在被修饰语前边

比如,"我的房间"中的"我"是定语,如果说成"房间的我"就不合情理了。

又比如,"哥哥的朋友"中的"哥哥"是定语,假设哥哥是 A,"(哥哥的)朋友"就是 B。如果说成"朋友的哥哥",意思就完全变了:"朋友"是定语,是 B,那么"(朋友的)哥哥"就是 C 了。

再比如,"慢慢地散步"中的"慢慢地"是状语,是说"散步"时的速度、状态;如果说成"散步,慢慢地",就成了另外的意思了,而且"散步"后要有一个停顿,提醒要"慢慢地"。

3. 补充成分(补语)在动词或形容词后边

比如,"听懂"中的"听"是动词,"懂"是补语;而"懂听"就不成话了。

再比如,"漂亮多了"中的"漂亮"是形容词,"多了"是补语;汉语中没有"多了漂亮"的说法。

4. 词组与句子的结构基本一致

比如,"你听"是主谓词组,"你听。"是一个有主语有谓语动词的句子。

再比如,"讲故事"。在"讲故事的时候,孩子们都听得出了神"中,"讲故事"是动宾词组作定语;而在"老师做什么呢?——讲故事。"中,"讲故事。"就是一个无主语句。

5. 疑问句与陈述句的语序一致

汉语里,一般的陈述句句尾加上"吗",就是疑问句了。

此外,只要在陈述句想问的部位改用疑问代词就成了疑问句,而不像有的语言(如英语)那样,疑问词一律在句首。

练习

1. 如果你的母语是汉语,你教什么样的学生汉语,可以说是第二语言

教学?

  2. 如果你的母语不是汉语,你教什么样的学生汉语,才能说是第二语言教学?

  3. 我们在汉语语法教学中用的是教学语法,还是理论语法?为什么?

  4. 汉语语法在汉语中的重要作用是什么?语法教学在汉语教学中的作用呢?

  5. 汉语语法的三大主要特点是什么?为什么把这三点作为主要特点?

  6. 举例说明什么是汉语语法教学的重点。

  7. 举例说明什么是汉语语法教学的难点。

  8. 什么是汉语的语序和思维方式?

  9. 为什么要训练学生建立汉语的语序和思维方式?

  10. 你对汉语语法教学有什么想法?

第一章 词 类

词,是语言中有一定意义的、能自由运用的最小单位,也就是说,词是表达思想的基本材料。汉语里的词,有一个音节的,如:听、说、读、写;有两个音节的,如:汉语、语法、学习;还有三个或三个以上音节的,如:电视机、国际主义。有的音节本身没有意义,不能单独使用,比如:"玻璃"中的"玻"和"璃"、"尴尬"中的"尴"和"尬",每个音节(字)都不能单独使用,我们把这样的音节(字)叫作词素。

汉语的词根据词在句中的功能一般可以分成实词和虚词两大类。

实词是指具有词汇意义和语法意义,能够充当句子成分的词。实词一般包括:名词、代词、动词(助动词)、形容词、数词、量词、副词。

虚词是指没有词汇意义,只有语法意义,不能充当句子成分的词。虚词一般包括:介词、连词、助词、象声词。

叹词是一个比较特殊的词类。它既没有词汇意义又没有语法意义。

汉语中有些词分属于不同的词类,这些词被称为兼类词。例如,"可能"分属副词、形容词和名词;"建议"分属动词和名词;而"高兴"则既是形容词,也是动词。

第一节 名 词

一、基础知识

(一)名词是表示人或事物名称的词。具体可分为:

1. 表示人的。如"人、老师、医生、工程师、作家、运动员、总裁、企业家"等。
2. 表示事物的。如"桌子、动物、电脑、饭菜、树、水果、水、咖啡"等。
3. 表示时间的时间词。如"年、月、星期、昨天、小时"等。
4. 表示处所的处所词。如"亚洲、北京、上海、太平洋、公园"等。
5. 表示方位的方位词。如"东、前、里、左边、上面、以南"等。
6. 抽象名词。如"政治、印象、思想、文化、理论"等。

(二)名词前边可以加数词和量词。例如:一个朋友。一般不能在名词前边直接用数词,一定要加量词。例如:

一本中文杂志　　不能说:　　×一中文杂志

两张话剧票　　　不能说:　　×两话剧票

少数具有量词性质的名词前可以只加数词。例如:一人、三年。

(三)要表示名词的复数可以有以下几种方法:

1. 指人的名词后边可以加上词尾"们"。例如:

同学们　　　　　演员们

2. 名词前边可以加上表示复数的数词和量词。例如:

两个同学　　　　五位大夫

三支毛笔　　　　六块点心

八件衣服　　　　几架钢琴

3. 可以表示复数的其他词语。

(1)副词"都"。例如:

家里人都在。

动词"在"前加副词"都",表示主语"家里人"是复数;但不能把"都"放在名词前边。不能说:×都家里人。

(2)"的"字词组"所有的"。例如:

所有的老师都参加了春季运动会。

"所有的老师"是复数,所以可以在动词"参加"前加"都";但不能说"都老师"。

(四)有些名词可以由名词或动词加上词尾"子、儿、头"构成。例如：

　　桌子　画儿　木头

(五)有些名词可以由词头"老"、"阿"等字构成。例如：

　　老师　老百姓　老婆　老虎　老鼠　阿姐　阿婆　阿訇　阿姨

(六)名词主要作主语、宾语、定语，有些名词或名词性词组也可以作谓语。例如：

　　①<u>北京</u>是中国的首都。　　（主语）

　　②我学习<u>汉语</u>。　　　　　（宾语）

　　③我学习<u>汉语</u>语法。　　　（定语）

　　④今天<u>元旦</u>。　　　　　　（谓语）

二、教学注意事项

(一)有关方位词

1. 单音节的有：北、后、外、左等。

2. 双音节的有：中间、附近、一带等。

单音节方位词可以跟"边"、"面"、"头"、"之"、"以"等构成双音节的方位词。如：西边、外面、后头、之前、以后等。

单音节方位词"东"、"南"、"西"、"北"，互相之间还可以构成双音节方位词。如：东南、东北、西南、西北。但是，不能说成"南东、北东、南西、北西"。

3. 方位词在一些词语后边，可以构成方位词组。如：房间里、大门外、脸上、五公里以外、三点以前，等等。

4. 处所词后边用上方位词，也可以构成方位词组。如：公园里、公寓楼前边、天津附近、学校东边，等等。

(二)地理名词后边不能用"里"。如：不能说"亚洲里"、"北京里"。

(三)名词的复数，不能同时又用数词、量词，又用"们"。如：不能说"四个朋友们"。

第二节 代 词

一、基础知识

(一)代词是代替名词、动词等的词。按在句子中的作用划分,代词一般可以分成三类:

1. 人称代词:

　　单数——我、你、他、她、它、自己、别人

　　复数——我们、咱们、你们、他们、她们、它们、大家

2. 指示代词:

　　单数——这、那

　　复数——这些、那些

　　近指——这、这里、这儿、这么、这样

　　远指——那、那里、那儿、那么、那样

　　每、各、某、本、别的、另外、其他、其余

3. 疑问代词:

　　谁、什么、多少、怎么、怎样、怎么样

　　哪、哪里、哪儿

(二)代词可以充当各种句子成分:

①<u>她</u>会唱这个歌。　　　　(主语)

②玛丽想去<u>那儿</u>。　　　　(宾语)

③<u>我</u>的书包在椅子上。　　(定语)

④这个字<u>这么</u>写。　　　　(状语)

⑤你<u>怎么</u>了?　　　　　　(谓语)

⑥他画得<u>怎么样</u>?　　　　(补语)

二、教学注意事项

(一)有关人称代词

1."您"是尊称,一般只以单数形式出现。

2."它"指人以外的事物。书面语中可以出现复数形式"它们"。

3."自己"可以是单数,也可以表示复数。

(1)"自己"在表示单数的代词或名词后边时,表示单数。例如:我自己、小王自己。

(2)"自己"在表示复数的代词或名词后边时,也表示复数。例如:他们自己、教练们自己。

4."我们"和"咱们"

(1)"我们"指包括"我"在内的一些人,既可以包括对方的人,也可以不包括对方的人。例如:

　　①就这样定了,我们都坐飞机去。　　(包括对方)

　　②你们先走,不要等我们俩了。　　(不包括对方)

(2)"咱们"指包括己方("我"或"我们")和对方("你"或"你们")在内的一些人。例如:

　　①你别走了,咱们一块儿说说话吧。

　　②咱们坐长途汽车,怎么样?

(二)有关疑问代词

1."多少"和"几"(数词)

(1)"多少"代表的数目可大可小,提问时可以不考虑对方的答案是多少。例如:

　　你们班有多少(个)学生?——八个学生。/二十三个学生。/八十六个学生。

(2)"几"一般只代表1~9的数字。例如:

　　①你们组有几个组员?——六个组员。

　　②你们队有十几个队员?——十八个队员。

　　③你几岁了?——五岁了。

(3)"多少"可以直接用在名词前边,中间可以不用量词。例如:
①你买了多少(本)汉语词典?
②他们学了多少(个)汉字?
(4)"几"不能直接用在名词前边,中间一定要用量词。例如:
①你写了几篇文章?　　×你写了几文章?
②你今天喝了几杯牛奶?　×你今天喝了几牛奶?

2. 疑问代词有时在句中并不表示疑问,而是表示强调或不确定等。这一点将在后面介绍。

第三节　形容词

一、基础知识

(一)形容词是表示人、事物的形状、性质或者动作、行为等的状态的词。像"大、矮、好、对、快、流利"等都是形容词。

(二)形容词的否定式,是在前边加"不"。例如:
　　不长　　　　　　不紧张

(三)大部分形容词前边可以用程度副词修饰,但表示状态的形容词不可以用程度副词修饰。例如:
　　很好　　　　　非常努力
　　×很雪白　　　×非常慢吞吞

(四)很多形容词后边可以带补语。例如:
　　快极了　　　　早十分钟　　　　高兴得很

(五)形容词可以充当各种句子成分。例如:
①我们是好朋友。　　　　(定语)
②我大,你小。　　　　　(谓语)
③学生要努力学习。　　　(状语)
④我喜欢热闹。　　　　　(宾语)
⑤你们要写清楚。　　　　(补语)
⑥可爱是婴儿的特点。　　(主语)

二、教学注意事项

(一)形容词可以直接充当谓语,而不用"是"等动词。例如:

(我们在这边说吧。)这里安静。

如果用了"是",如"这里是安静",则表示这里"的确"安静的意思,而且"是"要重读。

(二)有些形容词可以重叠,表示程度加深。

1. 单音节形容词重叠,后边一般都要用"的"或"地",可以充当谓语、定语、状语、补语等。例如:

①这个孩子的眼睛<u>大大的</u>。　　(谓语)
②<u>静静的</u>河水向东流去。　　(定语)
③河水<u>静静地</u>流淌着。　　(状语)
④她把儿子抱得<u>紧紧的</u>。　　(补语)

2. 双音节形容词的重叠形式是AABB。例如:

①她总是<u>高高兴兴的</u>。　　(谓语)
②她喜欢<u>漂漂亮亮的</u>窗帘。　　(定语)
③她今天一直<u>安安静静地</u>坐着。　　(状语)
④她把书摆放得<u>整整齐齐</u>。　　(补语)

(三)形容词单独作谓语时,前边常加"很"。如果不用"很",往往意味着有比较的意思。例如:

①她很高。

　　她高。——她高,你矮。

②他很老。

　　他老。——他老,你不老。

这个"很"字一般不表示程度深的意思。如果要强调程度比较深,"很"就要重读。

(四)有的形容词不能单独作谓语,只能作定语。这种形容词也叫区别词,或叫非谓形容词。例如:

①她是<u>正</u>主任,我是<u>副</u>经理。

②男同学跳高,女同学跳绳。

③我们坐公共汽车吧。

只有在填写各种表格时,才单独写上"男"、"女",等等。

(五)形容词"多"和"少"

1. "多、少"作定语时,前边一般都要用"很"或"不"。例如:

①很多同学是北方人。　　×多同学是北方人。

②他保存了不少奖章。　　×他保存了少奖章。

　　　　　　　　　　　　×他保存了多奖章。

2. 有些约定俗成的说法,"多"可以单独作定语。例如:

多民族的国家　　　　　多功能厅

第四节　数　词

一、基础知识

(一)数词就是表示数目的词。数词有:

1. 基数——一、二、三、四、五、六、七、八、九、十、〇/零、百、千、万、亿

2. 序数——第一、初二

汉语有时可以用基数词表示序数,如:2008年、八月、八日、二姐、四层。

3. 倍数——两倍、十五倍

4. 小数——三点一四一六

5. 分数——二分之一、三分之二

6. 概数——七八个、十几个、二十多、三十左右、百把人

(二)数词可以充当主语、宾语等。例如:

①二十是二的十倍。　　(主语)

②二乘二等于四。　　　(宾语)

③三十是六的五倍。　　(定语)

④六八四十八。　　　　(谓语)

(三)数词常和量词一起表示人、物或者动作的数量。例如：

一个人　一件事情　四首曲子　五次　七遍

二、教学注意事项

(一)称数法

1. 1~10000 的数目，汉语里都用"十进位法"表示。

十个"一"是"十"；

十个"十"是"百"；

十个"百"是"千"；

十个"千"是"万"。

2. 10000 以上的数目：

十个"万"是"十万"；

十个"十万"是"百万"；

十个"百万"是"千万"；

十个"千万"是"亿"。"亿"也可以说"万万"。

3. 从"个"到"亿"，一共用 9 个"位"表示。也就是从右到左数：

亿(万万)－千万－百万－十万－万－千－百－十－个
　　1　　　2　　　3　　　4　　5　　6　7　8　9

口语里说：一亿两千三百四十五万六千七百八十九。

其中"个、十、百、千、万、亿"是要特别记住的。

4. 用多位数表示的年代、车辆、船只、房间、电话、手机等号码，一般都直接读出数字，不用说"位"。这时，为了避免"1"和"7"混淆，"1"往往说成"幺"(yāo)。例如：

①我的电话号码是 82301234。(八二三○幺二三四)

　(不说：八千二百三十万一千二百三十四。下同。)

②他的手机号是 13901056789。(幺三九○幺○五六七八九)

③B89561 是这辆汽车的车牌号。(B 八九五六幺)

④2008 年在北京举行奥运会。(二○○八年。年份也可以读成
　两千○八年。)

(二)"0"的读法

1. 单独的"0"和多位数中十位数的"0",都读"〇/零"。例如:

　　3－3＝0　　三减三等于〇

　　33303——三万三千三百〇三

2. 多位数的末尾,无论有几个"0",都不读"〇/零"。例如:

　　30——三十

　　300——三百

　　3000——三千

　　30000——三万

3. 多位数中,两个或两个以上的"0"连用(个位数不是"0")时,只读一次"〇"。例如:

　　3003——三千〇三

　　30033——三万〇三十三

　　330003——三十三万〇三

　　3000033——三百万〇三十三

4. 年代、车辆、船只、房间、电话、手机等号码中,所有的"0"都要读出来。例如:

　　2008年奥运会在北京举行。——二〇〇八年

　　电话010－82905060——〇幺〇,八二九〇五〇六〇

　　手机号13401020004——幺三四〇幺〇二〇〇〇四

(三)"1"在多位数的十位数上,要读"一十"。这时,不能说成"幺十",也不能只说"十"。例如:

　　313——三百一十三

　　30113——三万〇一百一十三

(四)"2"的读法

1. 汉语里,"2"可以用"二"或"两"表示。"二"可以单独使用,而"两"不能。例如:

　　一、二、三

　　这是二(2)。　　　　　　×这是两(2)。

2. 在数字里,特别是在多位数末尾时,"2"都读作"二"。例如:

12——十二　　　　　　　×十两

20——二十　　　　　　　×两十

322——三百二十二

2222——二千二百二十二

3. 在序数和分数中,"2"都读"二"。例如:

他是老二。

他这次比赛得了第二名。

三是六的二分之一。

这个班的女同学占三分之二。

4. "2"在量词前边时,一般都要说"两"。例如:

2张纸:两张纸　　　　　×二张纸

2条裙子:两条裙子　　　×二条裙子

2杯牛奶:两杯牛奶　　　×二杯牛奶

"2"只有在中国传统的度量衡单位量词前边时,也可以说成"二"。在新出现的度量衡单位量词前一般用"两"。例如:

2斤肉:两斤肉/二斤肉

2里地:两里地/二里地

2尺长:两尺长/二尺长

2平方米大:两平方米大

2公里:两公里

2米长:两米长

2克食盐:两克食盐

(五) 分数的说法,一定要先说分母,后说分子。例如:

$\frac{1}{2}$:是二分之一,是0.5,不是一分之二

$\frac{2}{1}$:是一分之二,是2,不是二分之一

$\frac{2}{5}$:是五分之二,不是二分之五

$\frac{5}{2}$:是二分之五,不是五分之二

第五节 量 词

一、基础知识

(一)量词是表示计算单位的词。量词可以分为两大类:

1. 名量词

名量词非常多。例如:

(1)度量衡单位:克、公斤、毫升、吨、亩、平方米
(2)货币单位:元(块)、角(毛)、分
(3)时间单位:点、分、秒、刻;年、月、日、周
(4)个体单位:个、本、把、条、张、章、幅
(5)集体单位:对、双、批、套、群
(6)复合单位:人次、吨公里、架次、秒立方米
(7)不定量单位:点儿、些

2. 动量词

动量词比较少,例如:次、遍、趟、回、下儿。

(二)量词一般没有具体意义,不能脱离数词而单独使用(重叠的单音节量词除外)。量词总是用在数词或指示代词后边。

1. 名量词总是在名词前边。例如:

　　一个(人)　六双(袜子)　那张(桌子)

2. 动量词总是在动词后边。例如:

　　(去)两次　(看)一遍

(三)"个"是应用特别广泛的名量词,但是不适用于有特定量词的名词。例如:

　　一把水果刀　　　×一个水果刀
　　四本书　　　　　×四个书
　　两条鱼　　　　　×两个鱼
　　三件上衣　　　　×三个上衣

(四)单音节量词可以重叠,表示"每"的意思。重叠后可以作主语或定语、状语。例如:

①运动场上,<u>个个</u>都摩拳擦掌,跃跃欲试。（主语）
②<u>件件</u>古董都是无价之宝。　　　　　　（定语）
③我看这个电影<u>遍遍</u>都有新感受。　　　（状语）

二、教学注意事项

(一)关于名量词

1. 汉语里名量词非常多,要结合名词教会学生应该或可以用什么量词,不能随便乱用。

2. "位"和"名"都是用于"人"的量词,但是不能直接用在"人"字的前边。要说"一位/名什么样的人"。例如:

一位律师　　三位法官　　五位客人　　×一位人
两名演员　　八名队员　　十名妇女　　×四名人

3. "点儿"和"些"是不定量的量词,只能跟"一"组成"一点儿"和"一些"。"一点儿"和"一些"可以在名词前作定语,在形容词后边作补语,但是不能直接用在形容词或动词前边作状语。例如:

一点儿酒　　一点儿吃的　　×一点儿吃
一些人　　　一些衣服　　　×一些容易
他的腿好一点儿了。　　×他的腿一点儿好了。
他的腿好一些了。　　　×他的腿一些好了。

4. 有些名词带有量词性质,前边直接用数词即可,不能用量词。例如:

两天　　　　　　　×两个天
一年　　　　　　　×一个年
三岁　　　　　　　×三个岁
四周　　　　　　　×四个周

但表示时段时,"月"、"钟头"前边一定要用量词"个"。例如:

一个月　　两个月　　十个月　　二十个月
一个钟头　　两个钟头　　七个钟头

有的名词前边,用不用量词"个"都可以。例如:

  两个小时＝两小时 八小时＝八个小时

  四个星期＝四星期 六星期＝六个星期

  五个人＝五人   九人＝九个人

(二)关于动量词

1. 数词和动量词结合起来,常作动词的补语。例如:

  ①那本小说我看了三遍。

  ②他每天都来一次。

2. 动量词"遍"表示从头到尾的完整过程。例如:

  这个电影我看了三次,但是没看完过一遍。

3. 动量词"下儿"有两种意思:

(1)表示具体动作的单位。例如:

  ①他敲了三下儿。

  ②他拍了一下儿手。

(2)"一下儿"可以表示动作的时间短。例如:

  ①你等一下儿吧。

  ②我要复习一下儿。

  ③请你帮我问一下儿。

(三)量词和数词"半"

1. "半"＋量词(＋名词),表示二分之一的数量。例如:

  半杯(开水)

  半个(月):15 天

2. "半"＋带有量词性质的名词,表示二分之一的数量。例如:

  半年:6 个月

  半岁:6 个月大

3. 整数＋量词＋"半"(＋名词),表示整数之外还有二分之一。例如:

  一个半(馒头)   ×一半个(馒头)

  两斤半(西红柿)   ×两半斤(西红柿)

  一年半(时间):18 个月   ×一半年

两岁半(年纪);30个月大　　　　　　　×两半岁

(四)量词和数词"多"表示概数

1. 两位数以上的整数(个位数为"0")+"多"+量词(+名词)。例如：

　　二十多克(盐)——不足三十克　　×二十克多(盐)
　　一百多公斤(牛肉)——不足二百公斤　×一百公斤多(牛肉)
　　五十多岁——不到六十岁　　　　×五十岁多
　　五千多年——不到六千年　　　　×五千年多
　　三千二百六十多元(钱)　　　　×三千二百六十元多(钱)

2. 整数(个位数为1~9)+量词+"多"(+名词)。例如：

　　三个多(馒头)　　　　　　　　×三多个
　　二十二岁多　　　　　　　　　×二十二多岁
　　三百二十五公斤多　　　　　　×三百二十五多公斤

(五)钱币——人民币的表示法

1. 人民币的计算单位是"元、角、分"，口语里常用"块、毛、分"表示。

2. 用阿拉伯数字书写的钱数，后边用的单位量词是"元"。例如：

　　0.02元——两分(钱)
　　0.20元——两角(钱)/两毛(钱)　　　　　×二十分(钱)
　　0.22元——两角两分(钱)/两毛二(分钱)　×二十二分(钱)
　　2.34元——两元三角四分(钱)/两块三毛四(分钱)
　　3.50元——三元五角/三块五(毛钱)　　　×三块半
　　5.67元——五元六角七分(钱)/五块六毛七(分钱)
　　89.12元——八十九元一角两分(钱)/八十九块一毛二(分钱)

(六)年、月、日的表示法

1. 汉语里，表示日期、时点的顺序是从大到小：

　　某年—某月—某日—星期几—上午/下午/晚上—几点钟
　　2008年8月8日 星期五 下午两点半
　　2007年9月16日——2007.09.16

2. 时点表示法(广义)

(1)年：序数(用基数表示)+"年"。例如：

AD 1954：公元一九五四年

AD 2008：公元二〇〇八年

小学六年：第一年是一年级，第二年是二年级，第三年是三年级，第四年是四年级，第五年是五年级，第六年是六年级

表示时间的"年"前边，一定不能用"个"。例如：

×2008个年　　　×第一个年

(2)月：序数(用基数表示)＋"月"。例如：

十二个月的名称是：一月、二月、三月……十二月

(3)日：序数(用基数表示)＋"日/号"。例如：

每月的第一天是：一日/号，第二天是：二日/号，依次是：三日/号……十日/号……二十二日/号……三十日/号、三十一日/号

口语里常说"号"。

(4)星期："星期"＋序数(用基数表示)。例如：

一个星期的名称是：星期一、星期二……星期六、星期日/星期天

"星期"也可说成"周"。如：周一、周二……周六、周日　×周天

口语里也可说成"礼拜"。如：礼拜一、礼拜二、……礼拜六、礼拜日/礼拜天

3. 时段表示法

(1)年：基数＋"年"。基数和"年"之间不能用"个"。例如：

①我们高中读了三年。　　　×我们高中读了三个年。

②她想在台湾工作二十年。　×她想在台湾工作二十个年。

(2)月：基数＋量词"个"＋"月"。例如：

两个月

一年有十二个月，六个月是半年。

(3)日：基数＋"天/日"。基数和"天/日"之间不能用"个"。例如：

①一个星期有七天。　　　×一个星期有七个天。

②一年有三百六十五天。　×一年有三百六十五个天。

(4)星期：基数(＋量词"个")＋"星期"。例如：

①一个月有四(个)星期。

②她去国外旅游了两(个)星期。

"周"也可以表示时段,如:一周有七天。但不能用"个"。不能说"一个周"。

(5)"上午、下午、晚上"前边用上基数和"个",也可以表示时段。数词"一"后边也可省略"个"。例如:

①我等了你一(个)上午了。

②这本书我看了两个下午了。

③他一连用了五个晚上,才写完这篇调查报告。

(七)钟点的表示法

1. 时点

汉语的顺序也是从大到小。通常是:

数词+"点"+数词+"分"(+数词+"秒")。例如:

①现在是下午两点五十三分(十五秒)。

②这趟火车出发的时间是十九点二十五分(19:25)。

(1)数词+"点(钟)"。口语里常不说"钟"。例如:

5:00——五点(钟)

10:00——十点(钟)

12:00——十二点(钟)

(2)数词+"点"+数词+"分"。例如:

2:05——两点(〇)五分

11:10——十一点十分

(3)数词+"点"+数词+"刻"。例如:

1:15——一点一刻

7:45——七点三刻

9:30——九点半/九点三十分 ×九点两刻

2. 时段

(1)数词+"个"+"钟头"。例如:

①我们每天工作八个钟头。

②她看书看了两个钟头。

(2)数词(+"个")+"小时"。例如:

①我们讨论了一(个)小时。

②他们每周工作四十(个)小时。

(3)数词+"分钟"。例如：

①这个中学每节课四十五分钟。

②两节课之间休息十分钟。

(4)数词+"秒(钟)"。例如：

①她一百米跑了十二秒(钟)。

②给你五秒(钟)的时间。

(八)序数

1. 有的序数一定要用"第"、"老"等词头。例如：

第一年　第二年　第一个月是一月　左边第二个房间

这是他家的老大,老二不在家。

2. 有的序数直接用数词表示。例如：

①他有两个姐姐,大姐是教师,二姐是公司职员。

(还可以有"三姨、四叔"等。这类序数表示亲属关系的称呼,最大的一般要用"大",不用"一"。)

②那个男孩子是四年级的学生。

第六节　动　词

一、基础知识

(一)动词是表示动作、行为、心理活动、发展变化等的词。像"写、代表、恨、结束、有、进"都是动词;"是"也是动词。

(二)动词和宾语

1. 有的动词不能带宾语。例如：

①他醒了。

②我有点儿咳嗽。

不能带宾语的动词有:醒、病、活、躺、出发、休息、失败等。

2. 有的动词可以不带宾语,也可以带宾语。例如：

①我<u>看</u>了。

②她<u>看</u>电视。

③你<u>说</u>，我<u>写</u>。

④你<u>说</u>汉语，他<u>写</u>汉字。

3. 少数动词可以带两个宾语。例如：

①老师<u>教</u>我们语法。

②他<u>告诉</u>我一件事。

可以带两个宾语的动词有：告诉、给、教、叫、通知、问、送、租、借、卖、还(huán)、报告、求、赔、称等。

(三)动词前边可以用各种修饰语(状语)。例如：

<u>快</u>走　　　　<u>认真</u>思考　　　　<u>非常</u>喜欢

注意：动作动词和表示生理状态的动词不能受程度副词修饰。如：不能说"很看"、"非常走"、"很病"。

(四)动词后边可以带各种补语。例如：

学<u>会</u>　　　　计划<u>得很周到</u>　　　　看<u>一个小时</u>

写<u>不清楚</u>　　　拿<u>出来</u>　　　　送<u>到门口</u>

(五)动词可以充当各种句子成分。例如：

①我<u>用</u>电脑。　　　　　　　　(谓语)

②<u>笑</u>可以使人忘掉烦恼。　　　(主语)

③她爱<u>锻炼</u>。　　　　　　　　(宾语)

④这是<u>煮</u>的菜。　　　　　　　(定语)

⑤我听<u>完</u>了这段相声。　　　　(补语)

⑥她<u>抱歉</u>地点了点头。　　　　(状语)

(六)动词的否定式

1. 一般可以在动词前边用"不"或"没(有)"表示。例如：

①我<u>不</u>喜欢唱歌。

②他<u>没</u>去长城。

2. 动词"是"的否定式是"不是"。例如：

①她<u>不是</u>售货员。

②我不是董事长。　　　　　×他没是北京人。
3. 动词"有"的否定式是"没有"。例如：
①我没有这种手机。
②教室里没有人。　　　　　×家里不有人。

二、教学注意事项

(一)动词"是"

动词"是"可以表示判断、存在、类别、说明等意义。例如：
①这不是白杨树。　　　　　　　　(判断)
②体育馆后边是游泳池。　　　　　(存在)
③她是第二组的组员。　　　　　　(类别)
④小包的女朋友是个瘦高个儿。　　(说明)
⑤这个会议的时间是上午9：00。　 (说明)

(二)动词"有"

动词"有"可以表示领有、存在、列举、包含、达到(某数量)等意义。例如：
①我有五张信用卡。　　　　　　　　　　(领有)
②校园里有一个游泳池。　　　　　　　　(存在)
③这些留学生来自不同国家，有韩国的，有美国的，还有法国、意大利的。　　　　　　　　　　　　　　　(列举)
④一年有三百六十五天。　　　　　　　　(包含)
⑤他没有两米高，只有一米八。　　　　　(达到)

(三)动词"在"表示存在的意义。例如：
①经理在办公室。
②办公室在二层。

(四)表示存在的"是、有、在"的区别

"有"只说明某个地方存在什么东西，至于这个东西的具体位置则没有说明。"是"说明某个地方存在什么。"在"则指出某个东西的具体位置。例如：

①学校里有图书馆。　　　　　（只知道学校里有图书馆）
②教学楼旁边是图书馆。　　　（知道教学楼旁边的建筑是什么地方）
③图书馆在教学楼旁边。　　　（知道图书馆在什么地方）
④这个城市有百货大楼。　　　（只知道这个城市有百货大楼）
⑤市政府隔壁是百货大楼。　　（知道市政府隔壁的大楼是什么大楼）
⑥百货大楼在市政府隔壁。　　（知道百货大楼在什么地方）

(五)动词的重叠

1. 表示动作、行为,或含有积极思维活动的动词可以重叠。

(1)单音节动词

A. 动词的重叠形式是 AA。例如：

①我们谈谈吧。

②听听,广播里说什么呢?

③你想想,这么做行不行?

B. 动词重叠时,可以在重叠的动词之间用"一"。例如：

①你说一说今天的情况。

②我炒一炒再吃吧。

C. 动词重叠时,也可以在重叠的动词之间加"了"表示动作已完成。例如：

①我们谈了谈明天的安排。　　×我们谈谈了明天的安排。

②她抹了抹防晒霜就出门了。　×她抹抹了防晒霜就出门了。

(2)双音节动词

A. 动词的重叠形式是 ABAB。重叠的动词之间不能加"一"。例如：

①请他朗读朗读吧。　　　×请他朗读一朗读吧。
　　　　　　　　　　　　×请他朗朗读读吧。

②我们商量商量吧。　　　×我们商量一商量吧。
　　　　　　　　　　　　×我们商商量量吧。

③你分析分析这个句子。　×你分析一分析这个句子。
　　　　　　　　　　　　×你分分析析这个句子。

B. 重叠的动词之间可以加"了"表示动作已完成。例如：

①他整理了整理书架上的书。
②我考虑了考虑,就这么办吧。
2. 动词重叠表示的意义
(1)表示动作的时间比较短。例如:
①你看一看表,几点了?
②我数了数,发现数目不对。
(2)表示尝试。例如:
①我试试能不能跳过去。
②我们想一想解决的办法吧。
(3)表示轻松。例如:
①她晚饭后都出去走一走。
②我们休息休息吧。

第七节　助动词

一、基础知识

(一)助动词,也叫能愿动词,是帮助动词表示需要、可能或愿望等意义的词。助动词很少,有"能、能够、会、可以、应该、应当、应、该、得(děi)、要、想"等。

(二)助动词一般都用在动词前边。例如:
①我能写中文信。
②我会说汉语。
③你可以住这儿。
④人类应该保护环境。
⑤这个星期我要回老家一趟。
⑥她想买水果。

(三)有的助动词可以用在形容词前边。例如:
①阅览室里应该安静。

②你明天一定要来,而且要早。

(四)助动词的否定式

1. 一般都是在助动词前边加"不"。例如：

①我不会说西班牙语。

②公共场所不能吸烟。

③他不想这么早就结婚。

2. 个别助动词前边有时也可以用"没"。例如：

①今天我有事没能去成。

②她没想跳舞。

二、教学注意事项

(一)"会"是兼类词

1. 动词。例如：

他会汉语,不会阿拉伯语。

2. 助动词。

(1)表示经过学习,掌握了某种技能。也可以换用"能",表示"有能力"。例如：

①我会踢足球。　　我能踢足球。

②她会跳拉丁舞。　　她能跳拉丁舞。

(2)表示可能发生某情况。例如：

①今天会下雪吗?

②他们不会参加这个活动。

(二)能

1. 表示具备某种能力。例如：

①这个外国人能写很多汉字。

②她不能开大货车。

2. 表示许可。例如：

①这个接待室,谁都能进去。

②那是部长的办公室,不能随便进去。

(三)可以

1. 表示有能力做某事。例如：

　　①我可以资助他上学。

　　②她可以教你法语。

2. 表示许可，也可以换用"能"。例如：

　　①我可以进来吗？　　　　　　我能进来吗？

　　②你明天就可以去那家公司上班。　你明天就能去那家公司上班。

3. "可以"的否定形式

(1) 一般都用"不能"。例如：

　　①我不能教你西班牙语。

　　②你不能这样对待她。

　　③你不能进去。

(2) 只在表示不许可时，才用否定式"不可以"。更常用"不能"。例如：

　　这个库房，我可以进去，你不可以/不能进去。

(四)应该

1. 表示一般公认的情理上的需要。例如：

　　①我们应该孝顺父母。

　　②学生应该努力学习。

　　③医生治病应该尽心尽力。

2. "应该"的否定形式是"不(应)该"。例如：

　　①你不(应)该批评孩子。

　　②她不(应)该迟到。

3. 口语里，常把"应该"说成"该"。例如：

　　①申请表你该用钢笔填。

　　②这件事你该早点儿告诉他。

4. "该……了"常表示"到该做某事的时候了"。例如：

　　①该起床了。

　　②会议该结束了。

　　③超市该开门了。

(五)得(děi)

1. 表示情理上或事实上的需要。例如：

① 这件事我<u>得</u>告诉他。

② 她<u>得</u>克服这个困难。

③ 我<u>得</u>给公司打个电话。

④ 住宾馆<u>得</u>办理登记手续。

2. "得(děi)"的否定形式是"不用"、"不必"。例如：

① 这份文件<u>不用</u>找董事长签字。

② 你这种情况<u>不必</u>化疗。

3. 表示估计、推测。例如：

① 这件衣服<u>得</u>两三百块钱吧?

② 这次我考了第一名,妈妈准<u>得</u>乐坏了。

(六)"要"是兼类词

1. 动词,表示需要什么东西。例如：

① 我<u>要</u>一杯咖啡。

② 她不<u>要</u>后天的京剧票。

2. 助动词

(1)表示主观上打算做什么事(说话时尚未做)。例如：

① 他们<u>要</u>去看望中学时的老师。

② 我下周<u>要</u>去国外旅游。

否定形式是"不想"。例如：

③ 我<u>不想</u>去参加舞会。

④ 他们<u>不想</u>耽误学习。

(2)表示客观上的需要。例如：

① 旅游时<u>要</u>注意安全。

② 工作时<u>要</u>集中精力。

否定形式是"不用"。例如：

③ 插上电以后你就<u>不用</u>管它了。

④ 晚上你<u>不用</u>来了。

3. 表示劝阻、禁止时,常用"不要";口语里也用"别"。例如:

①<u>不要</u>大声喧哗。

②<u>别</u>走得太快。

(七)"想"是兼类词

1. 动词,表示想念、思索、推测。例如:

①你在国外<u>想</u>家人吗?　　(表示想念)

②他<u>想</u>了个办法。　　　　(表示思索)

③我<u>想</u>他不会来了。　　　(表示推测)

2. 助动词,表示打算或希望做什么事。例如:

①我<u>想</u>回国看望妈妈。

②她<u>想</u>听古典音乐。

③他<u>不想</u>学这个专业。

(八)助动词在回答问题时一般都可以单独使用。例如:

①他会来吗?——<u>会</u>(来)。

②你能帮我一下吗?——<u>能</u>(帮你)。

③我可以进去吗?——<u>可以</u>(进去)。

④你要参加联欢晚会吗?——<u>要</u>(参加)。

⑤我应该去吗?——<u>应该</u>(去)。

⑥你想上学吗?——<u>想</u>(上学)。

⑦你得照顾他吧?——<u>得</u>(照顾他)。

第八节　副　词

一、基础知识

(一)副词一般用在动词、形容词前边,起修饰、限定作用,表示时间、程度、范围、重复、否定、可能、语气等。像"已经、更、都、也、大概、却"等都是副词。

(二)副词一般只能在主语后边谓语前边作状语。例如:

①开幕式十点<u>才</u>开始。　　　(时间)

②你的身体真不错。　　　（程度）

③他们全来。　　　　　　（范围）

④你再读一遍。　　　　　（重复）

⑤我不知道。　　　　　　（否定）

⑥明天也许有雨。　　　　（语气）

(三)极少数副词可以用在主语前边。例如：

①究竟你参加不参加？

②难道你已经退出了吗？

③就你会唱评戏。

二、教学注意事项

(一)副词"不"和"没有"都是表示否定的,但是用法有区别。

1."不"表示否定现在和未来的情况。例如：

①我不知道他的姓名。

②他不吸烟。

③你不报名参加乒乓球比赛吗？

④明天我不去外地出差。

2."没有"表示否定过去发生的情况。例如：

①我没(有)报名参加志愿者。

②她最近没(有)去外地出差。

③你昨天怎么没(有)来？

3. 回答问题时,"不"和"没有"都可以单独成句。例如：

①你是不是想去图书馆？——不。(我想去体育馆。)

②你去体育馆了吗？——没有。(我没去体育馆,我去图书馆了。)

(二)副词"都"一定不能用在主语或其他名词、代词前边。例如：

①我们都是学生。　　　　　×都我们是学生。

②教师希望学生都学得很好。　×教师希望都学生学得很好。

1."都"在"不、没有"的前边或后边,表示的意思不同。例如：

①他们两个人都不是学生,他们都是教师。

②他们两个人<u>不</u>都是学生,一个是学生,另一个是教师。

③昨天我们班同学<u>都</u><u>没</u>去看杂技,都去跳舞了。

④昨天我们班同学<u>没</u><u>都</u>去看杂技,有的看杂技,有的去跳舞了。

2. 副词"都"总是用在副词"也"的后边。例如:

①我们<u>都</u>喜欢游泳,他们<u>也</u><u>都</u>喜欢游泳。

×他们都也喜欢游泳。

②这<u>些</u>人都是游客,那些人<u>也</u><u>都</u>是游客。

×那些人都也是游客。

(三)副词"又"和"再"都是表示动作重复的,但是用法有区别。

1."又"表示动作已经重复或者必然重复。例如:

①昨天开了一次会,今天<u>又</u>开了一次会。

②我先写了一遍,后来<u>又</u>写了两遍。

③明天<u>又</u>是休息日了。　　　　　(必然重复)

2."再"表示动作将要重复。例如:

①你只看了一遍,<u>再</u>看一遍吧。　　(第二遍还没看)

②我想<u>再</u>去参观一次军事博物馆。　(第二次还没参观)

(四)副词"就"和"才"的用法有同有异。

1."就"表示动作发生得早,而"才"表示动作发生得晚。例如:

①我六点<u>就</u>出发了,提前半小时来到办公室。

②小王七点<u>才</u>出发,结果上班迟到了。

有时动作发生的早或晚,是由说话人主观感觉决定的。例如:

③你怎么六点半<u>就</u>来了?七点<u>才</u>开会呢。

　　(你来得太早了,开会的时间要晚些)

④你怎么六点半<u>才</u>来?七点<u>就</u>开会了。

　　(你来得太晚了,很快就要开会了)

2."就"表示动作快,事情进展比较顺利;而"才"则表示动作慢,事情进展不太顺利。例如:

①这篇文章他一刻钟<u>就</u>看完了。

②这篇文章我半小时<u>才</u>看完。

有时说话人的主观感觉很重要。例如：

③这么多资料，你用了一个钟头就整理好了，真快。

④这么多资料，你用了一个钟头才整理好，太慢了。

3."就"表示需要的少，而"才"表示需要的多。例如：

①我们妇女组八个人就够了，他们少年组十二个人才够。

有时"就"、"才"也可以表示"只"的意思。例如：

②我就需要两斤。（我只需要两斤）

③我才需要两斤。（我只需要两斤）

第九节　介　词

一、基础知识

（一）介词是用在名词（词组）或代词前边，表示动作的时间、处所、方向、对象、目的、原因、依据、方式、被动、比较或排除等意义的词。"在、从、对、对于、跟、依据、根据、按、由、由于、给、把、为、为了、被、比、除了"等都是介词。

（二）介词不能单独使用，一定要跟后边的宾语一起充当状语。例如：

①我们每天从八点开始上课。　　　　　　　　（时间）

②我在北京工作。　　　　　　　　　　　　　（处所）

③你向东走就对了。　　　　　　　　　　　　（方向）

④这是特意为你买的。　　　　　　　　　　　（对象）

⑤大家都为他的精彩演讲热烈鼓掌。　　　　　（原因）

⑥为了妈妈的微笑，我们一定要好好儿学习。　（目的）

⑦我们按照她的要求做吧。　　　　　　　　　（依据）

⑧他被父母批评了。　　　　　　　　　　　　（被动）

⑨他比我高。　　　　　　　　　　　　　　　（比较）

⑩除了你没来，大家都来了。　　　　　　　　（排除）

（三）有的介词可以和它的宾语一起充当定语。例如：

①这是对我的关心。

②关于这个问题的讨论已经告一段落。

(四)有的介词前边可以用"不"、"没"来否定。例如：

①她(从来)不在客厅看资料、文件。

②她(现在)没在客厅看电视。

③我不(准备)为孩子拼命。

④我没为孩子着急。(我为别的事着急呢。或：我根本不着急。)

二、教学注意事项

(一)有的介词是兼类词。例如：

1. 动词"在"：①我在家。

　　　　　　②他在学校。

　　介词"在"：①我在家休息。

　　　　　　②他在学校上课。

2. 动词"对"：①今天的排球赛是我们二班对四班。

　　　　　　②你怎么这么对他？

　　介词"对"：①他对你怎么样？

　　　　　　②我们对这种做法有意见。

3. 动词"给"：①爸爸给他一支名牌钢笔。

　　　　　　②这张音乐会的票给你吧。

　　介词"给"：①爸爸给他讲了一个真实的故事。

　　　　　　②我给你买了一张音乐会的票。

4. 动词"跟"：(你在前边走,)我跟着你。

　　介词"跟"：①我跟你学习绘画吧。

　　　　　　②我跟你一起去。

　　　　　　③你跟他一样高。

　　　　　　④姐姐跟弟弟说："小心路滑。"

5. 动词"比"：①论数学,我比不上小强；论英语,小强比不上我。

　　　　　　②咱们比一比谁的臂力大。

　　介词"比"：①你的臂力比我大得多。

②他比你高一点儿。

(二)介词"对"和"对于"

1."对"、"对于"都可以引出对象(宾语)构成介词结构。这时候可以互换。例如：

①他对这项运动有自己的看法。

他对于这项运动有自己的看法。

②这项运动对身体有好处。

这项运动对于身体有好处。

2."对"可以有"朝"、"向"的意思，而"对于"没有。例如：

①他对我笑了笑。　　　　　　×他对于我笑了笑。

②老师对我们说：每个人的人生路只能靠自己。

×老师对于我们说：每个人的人生路只能靠自己。

(三)介词"从"和"离"

1."从"的宾语表示动作的起点。例如：

①明天我从家里出发。　　　×明天我离家里出发。

②今天的讲座从下午两点开始。×今天的讲座离下午两点开始。

2."离"的宾语表示距离的终点。例如：

①我家离公司不太近。　　　×我家从公司不太近。

②北京离上海很远。　　　　×北京从上海很远。

③现在八点，离开车还有两小时。×现在八点，从开车还有两小时。

(四)介词"把"和"被"，将在第六章"把"字句和"被"字句的章节中介绍。

第十节　连　词

一、基础知识

(一)连词是连接两个词、词组或句子，表示并列、因果、条件、假设等关系的词。像"和、跟、或者、因为、不管、要是、可是、而且、假如、如果、然而、虽然、尽管、即使、因而、所以、除非、只要、只有、无论、既然"等都是连词。

(二)连词只有连接作用,不能单独使用。例如:

①她和我都是汉语老师。

②因为临时有事,所以来晚了。

③虽然他很忙,但是还是去参加了朋友的婚礼。

(三)许多连词是配对使用的。例如:

因为……,所以…… 虽然……,但是…… 不但……,而且……

(四)有些连词要和表示关联的副词配合使用。例如:

要是……,就…… 就是……,也…… 不管……,都……

二、教学注意事项

(一)连词"和、跟"等是连接名词、代词、名词性词组的连词,不能连接句子。例如:

我们俩和他们仨是好朋友。×我是职员,和他也是职员。

×我是学生和我也是运动员。

(二)连词"并"和"并且"可以连接动词、动词性词组,"并且"还可以连接形容词。例如:

①同学们讨论并(且)决定举办一次有创意的班会。

②只有聪明、机智并且勇敢的人才能完成这项任务。

(三)连词"而"可以连接形容词、形容词性词组或动词、动词词组。例如:

①她是一个活泼而可爱的小姑娘。

②王副局长总想把刘局长挤走,自己取而代之。

(四)"还是"和"或者"都是表示选择的连词,但是用法不同。

1."还是"总是用在问句中,或者用在陈述句中不确定部分。"还是"的位置是在两个选项之间;如果有三个或三个以上的选项,"还是"就要用在最后的选项前边。例如:

①你喝茶还是喝咖啡?

②我不知道你喝茶还是喝咖啡。

③你这次出差,是坐汽车,(是)坐船,还是坐飞机?

2."或者"一般都用在陈述句中。例如:
　　①喝茶或者喝咖啡,都可以。
　　②她的意思是去图书馆或者去博物馆。

(五)关联副词"就、也、都"等一般都用在后边的分句,而且都不能用在主语前边。与之相应的连词有"要是、如果、就是、即使、无论"等,这些连词常用于前一分句中,用在主语前边后边都可以。例如:
　　①就是你不能来,也没关系。
　　②你要是明天休息,咱们就去颐和园吧。
　　③要是你明天休息,咱们就去颐和园吧。
　　　×要是你明天休息,就咱们去颐和园吧。
　　④即使你来不了,我们也一定把事情办好。
　　　×即使你来不了,也我们一定把事情办好。

第十一节　助　词

一、基础知识

(一)助词是附加在词、词组或句子后边,表示各种附加意义的词。

(二)助词不能单独使用,要附在词、词组或句子后边,才能表示不同的附加意义。助词都读轻声。

(三)助词一般可以分成三类:

1. 结构助词"的、地、得"等,是附在词或词组后边表示语法关系的词。

(1)"的(de)"是定语的标志。"的"用在定语的后边。例如:
　　①学生的宿舍在那座楼的旁边。
　　②他是我们的老师。

(2)"地(de)"是状语的标志。"地"用在状语的后边。例如:
　　①你安心地休息吧。
　　②战士们焦急地等待着前方的消息。

(3)"得(de)"是补语的标志。"得"用在动词或形容词后边、补语的前边。例如：

①幼儿园的孩子们玩儿得很高兴。

②中学老师忙得很。

2. 动态助词"了、着、过"，是附在动词后边表示动作状态的词。

(1)"了"表示动作完成。例如：

①今天他看了一个电影。

②我刚打了国际长途电话。

(2)"着"表示动作或状态的持续。例如：

①我听着音乐呢。

②客厅里放着一架钢琴。

(3)"过"表示曾经有过某种动作经历。例如：

①2006年她来过北京。

②我听过这个曲子。

③这条河上有过一座小木桥。

3. 语气助词是附在句末表示不同语气的词。

(1)语气助词"啊、了、呢"。例如：

①天空多蓝啊！　　　　（表示赞叹）

②这双鞋太大了。　　　（表示不满意）

③他的女朋友还挺漂亮呢。　（表示赞叹）

(2)语气助词"吗"，用在句末表示疑问语气。例如：

①你是留学生吗？

②他们在开会吗？

(3)语气助词"吧"

A. 用在陈述句句末表示请求、命令、商量、提议、同意等语气。例如：

①你帮帮我吧。　　　　（表示请求）

②进来吧。　　　　　　（表示命令）

③我们现在去图书城吧。　（表示商量）

④好吧。　　　　　　　（表示同意）

B. 用在疑问句句末表示估计、猜测、不肯定的语气。例如：

①你要出差吧? （表示估计、推测）
②他请你帮他儿子补习功课吧? （表示不肯定）

二、教学注意事项

(一)动词带动态助词"了、着、过"时的否定形式

动词带"了"的否定形式是加上副词"没"或"不",去掉"了";带"着"和"过"的否定形式是加副词"没"。例如:

①商店开门了。　商店没开门。　　×商店没开门了。
　　　　　　　　商店不开门。
②商店开着门。　商店没开着门。　×商店没开着门了。
　　　　　　　　　　　　　　　　×商店不开着门。
③商店开过门。　商店没开过门。　×商店没开过门了。

(二)语气助词"呢"

1. "呢"可以用在疑问句末尾,表示疑问。例如:
①你想去哪儿呢?
②你看不看京戏呢?
③你看京剧(呢),还是看歌剧呢?
　　×你参观首都体育馆吗呢?

2. "呢"可以用在陈述句末尾,表示动作正在进行。例如:
①她发短信呢。
②商店开着门呢。

3. "呢"可以用在名词、代词或名词性词组后边,构成问"在哪儿"的问句。例如:
①小张呢?
②我的手机呢?

4. 在语言环境很清楚的情况下,"呢"可以用在名词、代词或名词性词组后边,询问怎么样、怎么办或干什么。例如:
①我下午去看望一个朋友,你呢?（你干什么?）
②你感冒了,你同屋呢?（你同屋怎么样? 感冒了没有?）

第十二节　象声词

一、基础知识

(一)象声词是模拟物体或动作发出的声音的词。
(二)象声词可以独立使用,可以在句子前边,也可以在句子后边。例如：

　　①<u>哎呀</u>！疼死我了。
　　②真开心,<u>哈哈</u>。

(三)象声词可以充当状语、定语、补语或谓语动词。例如：

　　①他<u>哈哈</u>地笑个不停。　　　　　　　　　　　　(状语)
　　②他<u>哈哈</u>的笑声引得大家都笑了起来。　　　　　(定语)
　　③她<u>哎哟</u>了一声摔倒了。　　　　　　　　　　　(谓语)
　　④他们话不投机,动起手来,把屋里打了个<u>稀里哗啦</u>。(补语)

二、教学注意事项

(一)象声词作定语、状语时,一般都要用结构助词"的"、"地"。
(二)双音节象声词可以重叠,而且重叠形式有四种：ABAB 式、AABB 式、AAB 式、ABB 式。例如：

　　轰隆轰隆——轰轰隆隆——轰隆隆
　　哗啦哗啦——哗哗啦啦——哗啦啦
　　叮当叮当——叮叮当当——叮叮当
　　乒乓乒乓——乒乒乓乓
　　哎呀哎呀——哎呀呀

第十三节　叹　词

一、基础知识

(一)叹词,是表示感叹或者呼唤应答的词。

(二)叹词一般都独立出现在句子前边,不充当任何句子成分。例如:

　　①喂!你哪里?(接电话时用)

　　②啊!这里的风景太美了!

二、教学注意事项

(一)叹词"喂"一般只在打电话时使用,而且声调也会有变化。例如:

　　①喂(wéi)!你找谁?

　　②喂(wèi),你打错了吧?

　　③喂(wéi),你在听吗?

当面打招呼时一般不用"喂",否则显得不太礼貌。

(二)"啊"是个兼类词

1. 语气助词"啊"

(1)用在陈述句末尾,可以表示感叹、催促、嘱咐等语气。例如:

　　①这里的风景真美啊!　　　　(感叹)

　　②我不送你了,慢走啊。　　　(嘱咐)

　　③仔细点儿啊。　　　　　　　(嘱咐)

　　④你们俩快跑啊。　　　　　　(催促)

(2)用在某些问句末尾,可以表示疑问。例如:

　　①他在哪儿工作啊?

　　②你换不换车啊?

　　③你喝红茶还是喝绿茶啊?

2. 叹词"啊"表示赞叹、追问、感到意外等语气。例如:

①啊(à)！这儿的环境太好了！　　　　（表示赞叹）

②啊(à)！你看,长城真壮观啊！　　　　（表示赞叹）

③啊(á)！你到底知道不知道！　　　　（表示追问）

④啊(á)！他还没出发？　　　　　　　（表示感到意外）

第十四节　兼类词

一、基础知识

一般来说,一个词属一个词类,但是汉语里有些词可能分属两个或两个以上的词类,叫作兼类词。例如：

1. 高兴：①她天天都很高兴。　　　（形容词）

    ②今天我们高兴高兴。　　　（动词）

2. 麻烦：①这件事很麻烦。　　　　（形容词）

    ②麻烦您让一下。　　　　　（动词）

    ③给您添麻烦了。　　　　　（名词）

3. 正：①这幅画儿挂得不正,向右歪了。（形容词）

    ②你正一下这个车把。　　　（动词）

    ③这个结果正合我意。　　　（副词）

4. 病：①甲型 H1N1 流感是一种严重的传染病。（名词）

    ②她都病了一个多月了,还不见好转。（动词）

5. 建议：①李老师建议我考材料科学专业的研究生。（动词）

    ②他的建议很不合实际,被大家否决了。（名词）

二、教学注意事项

（一）兼类词的形式是一样的,属什么词类要看在句中的作用。

（二）兼类词必须读音相同,意义有关联,否则不是兼类词,而是同音词。例如：

就：①每天闹钟一响我就起床。　　　　　　（副词）
　　②今天早饭,我们大米粥就咸菜。　　　（动词）
　　③大家就这个问题展开了热烈的讨论。　（介词）

(三)教学中,遇到兼类词,要及时告诉学生,或者让学生判断在句中的词类。

第十五节　词头词尾

一、词头是指用在一些词前边构成名词的词素,像"老、初、阿"等。例如：

　　老百姓　老师　老王　老公　老婆　老鼠　老虎　老大

　　小弟　小伙子　小孩儿　小姐　小家伙

　　阿訇　阿姨　阿公　阿飞

　　初春　初雪　初稿　初交　初期

二、词尾是指用在一些词后边构成名词的词素,像"子、儿、头"等。例如：

　　鼻子　杯子　被子　桌子　椅子

　　花儿　画儿　盖儿　冰棍儿　歌儿

　　舌头　指头　骨头　木头　石头

【词语教学注意事项】

一、关于词类的教学

一般来说,词类不必单独教,只是在课本里出现的生词后边注明词类。必要时可作些补充,也可以让学生判断词类,特别是兼类词。

二、关于词的教学

1. 词是语言的基本材料,词的教学是很重要的。

2. 词的教学方法

在教一条语法规则之前,首先要学一些有关词语的读法、意思和词的组合,这是为语法教学作准备,是要训练的。具体做法是：

(1)预习生词

①在结束本课之后,下课之前,领读新课生词,并做简单的词语组合练

习,为第二天的课作准备。

②要求学生上新课之前预习生词。比如:朗读几遍,记住意思,做到能听写。

(2)生词教学

①检查前一天课的掌握情况之后,上新课时,先由老师领读、连词成词组,学生朗读生词,再听写。

②师生共同检查听写情况:学生朗读听写的内容,教师启发学生指出错误并改正。

③领读生词并连词成词组:有与学过词语的组合,有与新词的组合。

以上这些教学程序的目的都是为课文、语法教学作准备的。

练 习

1. 怎么区分实词和虚词?"建议"和"意见"是实词吗?
2. 实词包括哪些词类?每个词类各举五个以上例词。
3. 举例说明虚词包括哪几类词。"了"、"的"、"啊"是虚词吗?它们属于哪个词类?
4. 名词有哪些语法作用?方位词、时间词、处所词属于什么词类?
5. 代词有哪几类?"哪儿"、"我们"、"这"各属于哪一类?
6. 什么是形容词?形容词有哪些语法特点?
7. 数词有哪几种?数词教学中必须教会学生哪些技能?
8. 量词可分哪几类?各类的主要作用是什么?
9. 动词教学中应该注意哪些要点?
10. 举例说明助动词和副词有什么异同。
11. 介词和副词有什么异同?
12. 什么是兼类词?请举两个例子。
13. 哪些词类可以作定语?
14. 哪些词类可以作补语?
15. 划分词类的主要作用是什么?
16. 你准备怎么教《汉语教程》(修订本)第一册(上)第十课的生词?请写出来。

第二章　词　　组

词和词的组合,就叫词组,也可以叫短语或结构。

词组一般可以分成以下几类:

1. 联合词组,也可以叫并列词组。例如:你和我、课本和笔、又唱又跳
2. 偏正词组。例如:我家、慢走、汉语教材、非常高兴
3. 数量词组。例如:一个、十几本、三遍、五趟
4. 方位词组。例如:屋里、楼外、头上、树下、两小时以后
5. "的"字词组。例如:他的、木头的、卖菜的、老的、胖的
6. 主谓词组。例如:她买、我做、今天阴天、身体健康
7. 动宾词组。例如:买东西、说笑话、去上海、做作业、写信
8. 介宾词组。例如:对顾客、跟我、为了国家的利益、关于这个问题
9. 补充词组。例如:站好、取出来、长一点儿、举得很高、看得见
10. 同位词组。例如:夏凡这个人、他们俩、首都北京、父亲大人
11. 固定词组。例如:望梅止渴、狐假虎威、首善之区、问心无愧

第一节　联合词组

一、基础知识

(一)联合词组是由同类的词组合起来的、表示并列关系的一组词。

(二)实词一般都可以构成联合词组。

(三)联合词组里的词和词的次序一般都可以调换而不改变意思。例如：

他和我——我和他

师傅徒弟——徒弟师傅

北京和上海——上海和北京

勇敢而坚定——坚定而勇敢

(四)联合词组在句子中可以充当各种句子成分,像一个词一样。例如：

①<u>他和我</u>都喜欢晒太阳。　　　　　(主语)

②大家<u>又跑又跳</u>。　　　　　　　　(谓语)

③他们是<u>师傅徒弟</u>。　　　　　　　(宾语)

④<u>北京和上海</u>的人口都比较多。　　(定语)

⑤他<u>勇敢而坚定</u>地参加了维和部队。(状语)

⑥她跳得<u>又熟练又优美</u>。　　　　　(补语)

二、教学注意事项

联合词组和结构助词"的"、"地"或"得"

(一)联合词组作定语,要用结构助词"的"。例如：

①<u>这本书和那本书</u>的作者是同一个人。

②苏州和杭州的风景都非常美。

(二)联合词组前边有定语时,要用结构助词"的"。例如：

①<u>这篇文章的题目和内容</u>都是他自己定的。

②那个学校的老师和学生都来了。

(三)联合词组如果是动词、形容词构成的,作状语时要用结构助词"地"。例如：

①他们<u>又鼓掌又欢呼</u>地跑过来了。

②我们<u>紧张而小心</u>地向密林深处走去。

(四)联合词组作补语时,动词和补语之间要用结构助词"得"。例如：

①这些孩子都长得<u>天真活泼</u>。

②他高兴得<u>又唱又跳</u>。

第二节　偏正词组

一、基础知识

（一）偏正词组是由修饰、限制和被修饰、被限制的两个或几个词构成的，也就是说，前边的词是修饰、限制后边那个词的。修饰语必须在被修饰语的前边。

（二）偏正词组中的修饰语可以表示性质、数量、大小、形状、程度、颜色、状态，等等。

（三）从被修饰、被限制的词的词性来看，偏正词组可以分为两大类：

1. 名词性词组，或者叫定中词组。前边的修饰语是定语。例如：红颜色、新的课程、正确方法、国家的主人。

2. 动词性词组，或者叫状中词组。前边的修饰语是状语。例如：快说、刻苦学习、慢慢地走、仔细地检查。

（四）偏正词组里的两个词的次序是不能调换的。例如：

历史教师	不能说成：	×教师历史
新来的历史教师	不能说成：	×历史教师的新来
首都剧场	不能说成：	×剧场首都
刚落成的首都剧场	不能说成：	×首都剧场的刚落成
积极解决	不能说成：	×解决积极

（五）偏正词组在句子中可以充当各种句子成分。例如：

①历史教师对地理也非常熟悉。　　　（主语）
②我们特别喜欢这家餐馆。　　　　　（谓语）
③本周的演出在新落成的首都剧场。（宾语）
④你们听说公共交通的新规定了吗？（定语）
⑤她很客气地向大家问好。　　　　　（状语）
⑥我画得不太像。　　　　　　　　　（补语）

二、教学注意事项

偏正词组和结构助词"的"、"地"或"得"

(一)偏正词组作定语时,要用结构助词"的"。例如:

　　①我们学校的绿化环境很好。

　　②我有一个非常要好的儿时伙伴。

但是"很多"和"不少"作定语时,一般都不用结构助词"的"。例如:

　　③这次 HSK 考试很多学生都报名了。

　　④我们春节期间参观了不少历史名人的故居。

(二)偏正词组作状语时,要用结构助词"地"。例如:

　　①那个青年非常勇敢地走在前面。

　　②这部电视连续剧很准确地表达了观众的心声。

(三)偏正词组作程度补语时,一般要用"得"。例如:

　　①他爷爷每天都起得很早。

　　②她打扮得特别时尚。

第三节　数量词组

一、基础知识

(一)数量词组是数词和量词的组合。

(二)数量词组中,数词是定语,数词和量词是不能调换的。例如:

　　一个　　　不能说成:　　×个一

　　三条　　　不能说成:　　×条三

(三)数量词组可以充当各种句子成分。例如:

　　①这一台比那一台贵得多。　　(主语)

　　②他三十岁。　　　　　　　　(谓语)

　　③我说的是那一个。　　　　　(宾语)

④他今天只吃了一顿饭。　　　（定语）

⑤他一脚把球踢进了球门。　　（状语）

⑥她比我高六厘米。　　　　　（补语）

(四)数量词组可以重叠。

1. 重叠形式可以是ABAB式。例如：

　　一个一个　　　　两位两位

　　三份三份　　　　五张五张

2. 如果数词是"一"，还可以用ABB式重叠。例如：

　　一个个　　　　　一次次

　　一本本　　　　　一瓶瓶

二、教学注意事项

数量词组和结构助词"的"、"地"或"得"

(一)数量词组作定语

1. 数量词组作定语时，不能用结构助词"的"。例如：

　　①我要告诉你一个好消息。　×我要告诉你一个的好消息。

　　②我们每天都吃三顿饭。　　×我们每天都吃三顿的饭。

2. 数量词组重叠后作定语时，一般要用结构助词"的"。例如：

　　①一个一个的字都写得很好看。

　　　×一个一个字都写得很好看。

　　②两张两张的办公桌都对着放好了。

　　　×两张两张办公桌都对着放好了。

　　③五瓶五瓶的矿泉水都在那里呢？

　　　×五瓶五瓶矿泉水都在那里呢？

3. 数词"一"后边的量词可以重叠后作定语，可以不用结构助词"的"。例如：

　　①阅览室里放着一排排(的)书柜。

　　②一筐筐(的)鲜鱼给渔民带来了丰收的喜悦。

(二)数量词组作状语

1. 数量词组单独作状语时,不能用结构助词"地"。例如:
    ①他<u>一次</u>也没来看过我。　×他一次地也没来看过我。
    ②他<u>两趟</u>都忘了带手机。　×他两趟地都忘了带手机。
2. 数量词组重叠后作状语,一般要用结构助词"地"。例如:
    ①应聘者<u>一个一个</u>地参加面试。
    ②我们<u>两箱两箱</u>地搬。
3. 数词"一"后边的量词重叠后作状语,可以不用结构助词"地"。例如:
    ①他<u>一次次</u>(地)告诫我们。
    ②我<u>一遍遍</u>(地)背台词。

(三)数量词组作补语时,不用结构助词"得"。例如:
    ①你去看<u>一下</u>吧。　　　×你去看得一下吧。
    ②我们每月比赛<u>三次</u>。　×我们每月比赛得三次。
    ③这种芒果比那种便宜<u>一块</u>(钱)。
    　　　　　　　　　　　×这种芒果比那种便宜得一块(钱)。

第四节　方位词组

一、基础知识

(一)方位词组是由名词性或动词性词语和方位词组合成的。

(二)方位词组中的方位词不能和前边的修饰语调换位置。例如:

教室里	不能说成:	×里教室
两天前	如果说成:	×前两天(意思完全变了)
二十岁左右	不能说成:	×左右二十岁

(三)方位词组可以充当各种句子成分。例如:
    ①<u>教室里</u>有十几个学生。　(主语)
    ②<u>图书馆里</u>很安静。　　　(主语)
    ③他在<u>教学楼外边</u>。　　　(宾语)

④同学们都住<u>学校旁边</u>。　　（宾语）

⑤<u>图书馆里</u>的书很多。　　（定语）

⑥我关了<u>厨房里</u>的灯。　　（定语）

⑦咱们<u>屋里</u>坐吧。　　　　（状语）

⑧他们<u>一个星期以后</u>回国。（状语）

二、教学注意事项

(一)方位词组作定语，一定要用结构助词"的"。例如：

①我家旁边的邮局很大。

②他不记得十年以前的事了。

(二)方位词组"……以前"、"……以后"常表示时间。例如：

①睡觉以前一定要刷牙。

②黄金周以后的计划已经定好了。

"……以前"和"没……以前"作状语时，意思是一样的。例如：

③他<u>报到以前</u>，已经有几位代表报到了。

④他<u>没报到以前</u>，已经有几位代表报到了。

第五节　"的"字词组

一、基础知识

(一)"的"字词组由实词或词组和"的"字组合而成，"的"字后边的名词已经省略，使用时，相当于一个名词。

(二)"的"字必须在修饰语后边。例如：

　　朋友的　你的　绿的　跳舞的　他写的

(三)"的"字词组是名词性的，一般只充当主语和宾语。例如：

①<u>跳舞的</u>是我妹妹。　　　（主语）

②这些杂志是<u>朋友的</u>。　　（宾语）

二、教学注意事项

(一)"的"字词组的核心是"的"字,"的"是不能省略的。

(二)"的"字词组常可以表示职业身份。例如:

　　教师——教书的

　　司机——开车的

　　军人——当兵的

(三)"的"字词组常可以泛指人或事物。例如:

　　①经常到各个公园游玩的(人)大多是老年人。

　　②她买的衣服都是名牌的(衣服)。

第六节　主谓词组

一、基础知识

(一)主谓词组是由主语和谓语两个词(或词组)构成的词组。例如:

　　眼睛大　我说　牙疼　今天星期六　个子矮

(二)主谓词组可以充当各种句子成分。例如:

　　①<u>眼睛大</u>很好看。　　　　　(主语)

　　②她<u>眼睛大</u>。　　　　　　　(谓语)

　　③我真怕<u>牙疼</u>。　　　　　　(宾语)

　　④<u>你说</u>的话不错。　　　　　(定语)

　　⑤她<u>态度谦虚</u>地点了点头。　(状语)

　　⑥孩子们冻得<u>脸都红</u>了。　　(补语)

二、教学注意事项

(一)主谓词组和结构助词

1. 主谓词组作定语,一定要用结构助词"的"。例如:

①他说的事情我已经知道了。

②我们画的那张油画展出了。

2. 主谓词组作状语,一定要用结构助词"地"。例如:

①队员们精神抖擞地出现在球场上。

②他心事重重地坐着不说话。

3. 主谓词组只能作状态补语,而且一定要用结构助词"得"。例如:

①你笑得腰都弯了。

②老师说得口都干了。

③她累得筋疲力尽。

("筋疲"和"力尽"两个主谓词组组成的联合词组,也是固定词组)

(二)主谓词组可以在少数动词后边作宾语。例如:

①我希望我的朋友得冠军。

②他知道我们明天不在家。

第七节　动宾词组

一、基础知识

(一)动宾词组就是动词和宾语的组合。例如:

喝水　看病　听音乐　做作业　说汉语　开车

(二)动宾词组可以充当各种句子成分。例如:

①听音乐是一种享受。　　　(主语)

②我喝水。　　　　　　　　(谓语)

③我喜欢听京剧。　　　　　(宾语)

④看病的时候要先挂号。　　(定语)

⑤她有心学好汉语。　　　　(状语)

⑥我热得出汗。　　　　　　(补语)

二、教学注意事项

(一)动宾词组和结构助词

1. 动宾词组作定语,一定要用结构助词"的"。例如:

①<u>跳舞的</u>那个姑娘跳得很好。

②我们都是<u>参加运动会项目的</u>人。

2. 动宾词组作状语一般用结构助词"地"。例如:

①他<u>很有把握地</u>说:"没问题。"

②我<u>充满谢意地</u>看了看他。

但是,表示动作的方式时,不能用结构助词"地"。例如:

③我们<u>打车</u>去吧。

④他<u>凭什么</u>当了董事长?

3. 动宾词组只能作状态补语,而且一定要用结构助词"得"。例如:

①他兴奋<u>得跺脚</u>。

②她感动<u>得流下了眼泪</u>。

(二)副词"有(一)点儿"和不定量的数量词组"一点儿"

1. "有(一)点儿"可以在形容词和某些动词前作状语,表示"稍微",常指不大希望发生的情况。例如:

①她<u>有(一)点儿</u>不高兴。　　　　×她一点儿不高兴。

②我头<u>有(一)点儿</u>晕。　　　　　×我头一点儿晕。

2. "一点儿"只能作定语或补语。"一"可以省略。例如:

①我买了<u>(一)点儿</u>水果。　　　　(定语)

②她送来<u>(一)点儿</u>蔬菜和点心。　(定语)

③你头疼好<u>(一)点儿</u>了吗?　　　(补语)

④我比他矮<u>(一)点儿</u>。　　　　　(补语)

⑤我这儿有<u>(一)点儿</u>吃的,你拿去吧。(定语)

注意:最后这个句子里的谓语动词是"有",要跟副词"有(一)点儿"区别开来。

第八节　介宾词组

一、基础知识

(一)介宾词组是介词和介词的宾语组合在一起的词组。

(二)介宾词组可以作状语、定语。例如：

①我从上海来。　　　　　　　　(状语)

②她在南京工作。　　　　　　　(状语)

③在南京的亲戚都来了。　　　　(定语)

④你对这件事情的看法很客观。　(定语)

(三)少数介宾词组可以作补语。例如：

①这列火车开往广州。

②她生于1985年。

③从胜利走向胜利。

二、教学注意事项

(一)介宾词组作定语，一定要用结构助词"的"；作状语，一定不用结构助词"地"。例如：

①对秦始皇的评价历来以负面的居多。(定语)

②向阳的房间当然好一点儿。　　　　(定语)

③他对上级不卑不亢。　　　　　　　(状语)

④这位医生为患者想得很周到。　　　(状语)

(二)几个常见的介宾词组

1."在……上"

(1)可以表示在某个具体的方位。例如：

①他在椅子上坐着。

②老师在黑板上写出了这一课的主要语法点。

(2)也可以表示在某范围内或某方面。例如：

①运动员在饮食结构上是很注意的。

②我们在培训经费上要专款专用。

③这个小学在教学上有一套行之有效的方法。

④他在生活上从来都很简朴。

2."在……下"

(1)可以表示在某个具体方位。例如：

①夏天我们常在这棵大树下乘凉。

②他在楼下打电话呢。

(2)常表示在某些条件、某种情况时会怎么样。常用在句首。例如：

①在师生的共同努力下，这个化学实验大获成功。

②在这么艰苦的条件下，他们居然能取得这么大的成绩。

③在紧急的情况下，消防员们凭借他们的智慧和勇敢排除了危险。

也可以用在主语后、谓语前。例如：

④这个化学实验，在师生的共同努力下大获成功。

⑤他们居然在这么艰苦的条件下能取得这么大的成绩。

⑥消防员们在紧急的情况下凭借他们的智慧和勇敢排除了危险。

3."在……中"

(1)可以表示在某个范围里。常用在句首。例如：

①在这班(的)男同学中，半数都爱打篮球。

②在教我们班的老师中，年纪最大的是吴老师。

(2)还可以表示某行为的方式、某动作在进行或经常发生。例如：

①大家的意见在讨论中达到了一致。

②在这种无休止的争吵中，他们的婚姻走到了尽头。

第九节　补充词组

一、基础知识

(一)补充词组是动词或形容词和后边的补充成分组合起来的词组。

(二)补充词组可以分两大类：

1. 动补词组

(1)动词作动词的补语。例如：

　　　看懂　买来　打死　推开　拿出来

(2)形容词作动词的补语。例如：

　　　看清楚　跑得快　捂热　说透

(3)其他词或词组作动词的补语。例如：

　　　去一趟　飞向太空　开往北京

2. 形补词组。例如：

　　　困得不得了　累得很　好极了　清楚一点儿　热死了　急得坐卧不安

(三)补充词组可以充当主语、谓语、宾语、定语和补语。例如：

　　①听懂是很重要的。　　　　　　(主语)

　　②你们听懂了吗？　　　　　　　(谓语)

　　③他保证写得漂亮。　　　　　　(宾语)

　　④洗干净的衣服都在柜子里。　　(定语)

　　⑤音乐老师唱得好听极了。　　　(补语)

二、教学注意事项

(一)补充词组直接充当主语、宾语，而不用借助其他词语。例如：

　　①看一遍就够了。　　　　　　(主语)

　　②我相信修得好。　　　　　　(宾语)

(二)补充词组和结构助词

1. 补充词组作定语,一定要用结构助词"的"。例如:
   ①听懂的人请举手。
   　×听懂人请举手。
   ②跑不快的同学可以先跑。
   　×跑不快同学可以先跑。
   ③买来的东西放这里吧。
   　×买来东西放这里吧。("买来东西"是动词和宾语)

2. 补充词组作程度补语,一定要用结构助词"得"。例如:
   ①他写得快极了。
   ②他最近比前一阵忙得多得多。

第十节　同位词组

一、基础知识

(一)同位词组是指同一个人或同一件事物的两个词语并列起来组成的词组。两个词语之间是不能加任何成分的。

(二)这两个词语的次序一般不能随意调换。例如:
　①李刚校长正在给学生讲话。
　　——李刚是校长的姓名,校长就是李刚。
　　——这时,说成"校长李刚"也是可以的。
　②姐姐她很支持我。
　　——姐姐就是她,她就是姐姐;"姐姐"和"她"是同一个人。
　　——如果说成"她姐姐",意思就完全变了,"她"和"姐姐"是不同的两个人,而且变成了偏正词组。

(三)同位词组一般都是名词性的词组,可以充当主语、宾语和定语。例如:
　①马索老师教我们美术课。　　　　　(主语)

②他自己已经知道错了。　　　　　　（主语）
③我到首都北京了。　　　　　　　　（宾语）
④总经理来看看你们大家。　　　　　（宾语）
⑤他们三个人的简历都在桌子上。　　（定语）
⑥我非常感谢我朋友张和平的帮助。　（定语）

二、教学中注意事项

(一)同位词组直接充当主语、宾语,而不用借助其他词语。例如：

　　①小王他是一个智勇双全的人。
　　②张文丹教授非常幽默。
　　③我信任你们两个人。

(二)同位词组作定语,一定要用"的"。例如：

　　①马索老师的旅行计划实现了。
　　②我们认识老李他的女儿。

第十一节　固定词组

一、基础知识

(一)固定词组是一些特定的词构成的固定格式,表示一个特定的意义。固定词组是作为一个整体使用的。

(二)固定词组包括成语和惯用语。例如：

　　一心一意　三心二意　马到成功　狐假虎威　望梅止渴　画饼充饥
　　唇亡齿寒　敲边鼓　走后门　挖墙脚　拍马屁　替罪羊　无底洞
　　拦路虎　一刀切　开门红　挂羊头,卖狗肉　不管三七二十一
　　三天打鱼,两天晒网　快刀斩乱麻　赔了夫人又折兵

(三)固定词组内部的词一般不能改变;词与词的次序也是固定的,不能颠倒。例如：

井底之蛙　望洋兴叹　深谋远虑　出口成章　一锤子买卖
学无止境　千方百计

(四)固定词组可以充当各种句子成分。例如：
① 三天打鱼,两天晒网是不能学好汉语的。　（主语）
② 我们要入乡随俗。　（谓语）
③ 我们不能做井底之蛙。　（宾语）
④ 唇亡齿寒的道理想必大家都知道。　（定语）
⑤ 王老师深入浅出地讲解了这个问题。　（状语）
⑥ 他们自以为设计得天衣无缝。　（补语）

二、教学注意事项

(一)固定词组直接充当主语、宾语、谓语,不用借助其他成分。
(二)固定词组作定语、状语、补语时,一定要用结构助词"的、地、得"。

【词组教学注意事项】

一、关于词组的教学

词是语言的基本材料,词组是词和词的组合,词组的教学也是很重要的。一般来说,词组不必单独教。

二、词组的教学方法

1. 在教一条语法规则之前,首先要学一些词的组合,这也是为语法教学作准备,是要训练的。

2. 具体做法：

(1)预习生词时,要和学过的词尽量连成词组,特别是当课要用的词组。领读后,要求第二天听写。

(2)生词教学过程中,同时也进行了词组教学。——听写；检查听写情况,启发学生指出错误并改正。

练习

1. 联合词组和偏正词组的最大区别是什么？

2. 举例说明动宾词组和介宾词组有什么异同。

3. 哪些词组可以作句子的主语?

4. 主谓词组可以作宾语吗?

5. 哪些词组可以作动词的补语?请举例说明。

6. 同位词组有什么特点?

7. 固定词组的主要特点是什么?

8. 哪些词组作定语时要用结构助词"的"?

9. 哪些词组作状语时要用结构助词"地"?

10. 哪些词组作补语时要用结构助词"得"?

11. 你准备怎么教《汉语教程》(修订本)第一册(上)第十一课的生词和词组?请写出来。

第三章　句子成分

一、句子的构成

从语法的角度来说,一个句子是由词或词组构成的,这些词或词组叫做句子成分。一般的句子可以分成主语部分和谓语部分,主语部分是我们要说的人、事物等话题,其他部分就是谓语部分。

二、句子成分

主语部分的主要成分,就叫主语。主语前边可以有修饰、限制的词语,这些词语叫定语。谓语部分的主要成分,就是谓语。谓语前边可以有修饰、限制的词语,谓语前边修饰、限制的词语叫状语。谓语后边还可以有补充成分,这个补充成分叫补语。谓语如果是动词,后边还可能有接受动作的连带成分,这个连带成分叫宾语;宾语前边也可以有定语。

三、句子成分的种类

句子一般可以有六种句子成分:主语、谓语、宾语、定语、状语和补语。请看句子成分表:

主语部分		谓语部分				
定语	主语	状语	谓语	补语	定语	宾语
	我		教			语法。
我	父亲	认真	教	完了	汉语	语法。
	父亲		说	完了。		

第一节　主　语

一、基础知识

（一）主语是陈述、描写、说明的对象，也就是要说的话题，都是先说出来的，所以主语多半都在句子的开头。

（二）很多词类可以充当主语。例如：

① 汉语是联合国的五种工作语言之一。　　（名词）
② 我们都认识这个汉字。　　（代词）
③ 游泳可以锻炼身体。　　（动词）
④ 谦虚使人进步。　　（形容词）
⑤ 十是五的两倍。　　（数词）

（三）很多词组也可以充当主语。例如：

① 火车飞机都是交通工具。　　（联合词组）
② 牙痛很难受。　　（主谓词组）
③ 开车要遵守交通规则。　　（动宾词组）
④ 都去最好。　　（偏正词组）
⑤ 三斤太少了。　　（数量词组）
⑥ 博物馆里有很多参观的人。　　（方位词组）
⑦ 听得懂很重要。　　（补充词组）
⑧ 石大夫她是很有经验的医生。　　（同位词组）
⑨ 送报的每天七点就来了。　　（"的"字词组）
⑩ 走后门是人们痛恨的不正之风。　　（固定词组）

（四）主语一般可以分为三大类型：

1. 施事主语——主语常常是施事者或主动者。例如：

① 我打电话。
② 她把那本画报借走了。

2. 受事主语——主语是受事者或被动者。例如：

①这本画报看完了。

②她被朋友请去了。

3. 非施非受主语,也叫当事主语——有的主语既不是主动者也不是被动者。例如:

①牡丹是洛阳市的市花。

②这个年轻人很胖。

③这个问题太难了。

二、教学注意事项

(一)从语法结构的角度出发,汉语的主语都在谓语前边,而且多数主语在句首。本书不取"倒装句"和"主语后出现"等说法。例如:

①我喜欢唱歌。

②他不紧张。

③她胃疼。

④你有伞吗?

⑤今天他准来。

⑥信写好了。

(二)汉语里,词或词组都是直接充当主语的,没有任何标志。动词或动词性词组作主语也不例外。例如:

①锻炼很重要。

②互相关心是建设和谐社会的必要条件。

(三)表示时间、处所的词或词组作主语,谓语往往是动词"是"、"有",或者是形容词,或者是名词。例如:

①今天是国庆节。　　　(时间)(谓语:是)

②一个星期有七天。　　(时间)(谓语:有)

③昨天很暖和。　　　　(时间)(谓语:形容词)

④后天中秋节。　　　　(时间)(谓语:名词)

⑤旁边是银行。　　　　(处所)(谓语:是)

⑥里面没有人。　　　　(处所)(谓语:有)

⑦阅览室里很安静。　　　（处所）(谓语：形容词)

否则,句首的时间、处所词语,我们都分析成时间、处所状语。例如：

⑧昨天我们都去了。(主语是"我们",而"昨天"是时间状语)

⑨学校附近新开了一家饭馆。("学校附近"是处所状语,没有主语)

(四)关于受事主语

汉语里,大部分主语是施事者或者动作的发出者。很多不能实施动作的词或词组也常常作主语,而且不用被动形式,除非要特别强调被动关系,这就是受事主语。本书不取"宾语提前"的说法。例如：

①信寄出去了。

②家庭作业完成了。

③饭做好了吗？

第二节　谓　语

一、基础知识

(一)谓语是一个句子谓语部分的主要词语。谓语是陈述、描写、说明主语的。

(二)谓语可以是动词、形容词、名词或主谓词组。例如：

①你来吧。　　　　　（动词）

②她很漂亮。　　　　（形容词）

③明天春节。　　　　（名词）

④我身体挺好。　　　（主谓词组）

(三)谓语还可以由数词、代词和一些词组充当。例如：

①那个学生二十一。　　（数词）

②这本小说怎么样？　　（代词）

③她又高又苗条。　　　（联合词组）

④他每天早来晚走。　　（联合词组）

⑤那个孩子八岁。　　　（数量词组）

⑥这位大夫<u>和蔼可亲</u>。　　（固定词组）

(四)谓语动词后边可以带动态助词"了、着、过"。例如：

①我们都<u>看了</u>那个电影。

②窗户<u>开着</u>呢。

③我<u>吃过</u>这种水果。

二、教学注意事项

(一)主语和谓语的关系

主语在前边,谓语在后边。谓语可以表示主语发出或接受动作、行为,也可以表示描写、说明、判断主语。例如：

①我们<u>粉刷</u>了四面墙。　　（主语发出"粉刷"这个动作）

②四面墙都<u>粉刷</u>了。　　（主语接受了"粉刷"这个动作）

③这位法官很<u>公正</u>。　　（描写主语"法官"）

④四面墙粉刷<u>得非常好</u>。　　（说明主语的情况）

⑤这<u>是</u>从泰国进口的大米。　　（说明主语的性质,是一种判断）

(二)关于动词作谓语

1. 汉语里,动词本身是没有形态变化的。作谓语时,不管人称、性别、单复数如何,动词的形式都是不变的。例如：

①<u>他</u>要设计一个花园。　　（第三人称、单数、男性）

②<u>张工程师</u>设计完那台机器的图纸了吗？（单数）

③<u>她们</u>设计了这座大楼。　　（复数、女性）

2. 动词作谓语时,也可以带宾语,少数动词可以带两个宾语。例如：

①我们<u>学</u>汉语。

②王老师<u>教</u>我们汉字。

3. 动词作谓语时,前边可以带各类修饰语,后边可以带各类补充成分。例如：

①我<u>明天</u>参观天文馆。　　（"明天"表示参观的时间）

②他们<u>在会议室</u>开会。　　（"在会议室"表示开会的地点）

③她每天快走二十分钟。　　　　　("每天、快"是修饰"走"的；
　　　　　　　　　　　　　　　　　"二十分钟"是"走"的补语)

④这个小伙子一顿能吃十个大包子。("十个大包子"是"吃"的宾语)

⑤我已经吃饱了。　　　　　　　　("饱"是"吃"的补语)

⑥她早上走了一千米。　　　　　　("一千米"是"走"的补语)

⑦你今天来两趟了。　　　　　　　("两趟"是"来"的补语)

⑧这个皮箱很重,你拿不动。　　　("不动"是"拿"的补语)

(三)关于形容词作谓语

1. 汉语里,形容词可以直接作谓语,而不带其他成分。形容词单独作谓语时,常带有比较的意思。例如:

①(这间卧室大,)那间卧室小。

②这套画册新(,那套画册旧)。

2. 如果形容词单独作谓语,又不表示比较的意思,常在形容词前边用弱化的副词"很"。例如:

①老师们很认真。

②学生们很刻苦。

3. 形容词作谓语时,后面也可以带补语。例如:

①那个演员漂亮得很。

②她高兴坏了。

③那个孩子高一米二。

(四)关于名词作谓语

汉语里,名词可以直接作谓语,而不用动词"是"连接主语和谓语名词。例如:

①今天晴天。

②明天国庆节。

③她十九了。

如果加了"是",就成了动词谓语句了。

(五)关于主谓词组作谓语

汉语里,主谓词组也可以直接作谓语,而不用任何词语连接。例如:

①这位老人身体很健康。
②那座大楼我进去过。

第三节 宾　语

一、基础知识

(一)谓语动词后边可以有一个或者两个连带成分,表示动作的对象、结果、处所、工具等,这些连带成分就叫宾语。例如:

动　词	宾语1	宾语2
说	笑话	
听	广播	
踢	足球	
钦佩	他	
告诉	她	一件事
教	孩子	认字

(二)很多词类可以充当宾语。例如:

①她每天练太极拳。　　　　　　　(名词)
②教语法的老师是他。　　　　　　(代词)
③孩子们正在学习游泳。　　　　　(动词)
④母亲喜欢安静。　　　　　　　　(形容词)
⑤十八除以三等于六。　　　　　　(数词)

(三)很多词组也可以充当宾语。例如:

①同学们都买了语法书和练习本。　(联合词组)
②我认为不太妥当。　　　　　　　(偏正词组)
③大家都认为他很能干。　　　　　(主谓词组)
④哥哥最爱唱歌。　　　　　　　　(动宾词组)
⑤她觉得舒服得很。　　　　　　　(补充词组)

⑥我们班同学一共有<u>二十几个</u>。　　　（数量词组）
⑦老师的书在<u>讲桌上</u>。　　　　　　　（方位词组）
⑧我们终于来到了<u>著名旅游城市桂林</u>。（同位词组）
⑨那个人是<u>收废品的</u>。　　　　　　　（"的"字词组）
⑩这样做不是<u>掩耳盗铃</u>吗？　　　　　（固定词组）

（四）宾语一般可以分为三大类型：

1. 受事宾语——宾语是受事者或被动者。例如：
　　①我接受<u>你的建议</u>。
　　②我们都很羡慕<u>你</u>。

2. 施事宾语——宾语是施事者。例如：
　　①昨天搬来了<u>两个新生</u>。
　　②经理办公室里坐着<u>几个顾客</u>。

3. 非受非施宾语，也叫当事宾语——有的宾语既不是受事者也不是施事者。例如：
　　①这把椅子是<u>不锈钢的</u>。
　　②这项工程有<u>一点儿困难</u>。

二、教学注意事项

（一）谓语动词和宾语的关系

谓语动词在前边，宾语在后边。宾语可以表示接受谓语动词发出的动作、行为，可以表示动作的结果或影响，也可以表示动作到达的处所或所用工具，还可以是动作的对象。例如：

　　①我们打<u>排球</u>吧。　　　（"打"的是"排球"）
　　②她做了<u>一盘菜</u>。　　　（"菜"是动作"做"的结果）
　　③我用<u>钢笔</u>。　　　　　（"钢笔"是"用"的工具）
　　④他昨天到<u>北京</u>了。　　（"北京"是到达的处所）
　　⑤我们都相信<u>你</u>。　　　（"你"是"相信"的对象）

（二）汉语里，词或词组都是可以直接充当宾语的，可以没有任何标志。动词或动词性词组作宾语，也不例外。例如：

①我喜欢<u>游泳</u>。

②孩子们不知道<u>怎么做</u>。

(三)关于两个宾语

汉语里,动词一般带一个宾语,这个宾语是单宾语。极少数及物动词可以带两个宾语,是双宾语。第一个宾语是间接宾语,第二个宾语是直接宾语,两个宾语之间不用任何词语连接。间接宾语常是指人或单位的词语,直接宾语则常是指事物的词语。例如:

①我送<u>朋友</u><u>一对花瓶</u>。

②她借<u>图书馆</u><u>一本小说</u>。

③母亲告诉<u>我</u><u>明天动身</u>。

这三句中的"朋友"、"图书馆"、"我"都是间接宾语;"一对花瓶"、"一本小说"、"明天动身"都是直接宾语。

(四)关于主谓词组作宾语

汉语里,主谓词组可以直接在动词后边作宾语。少数动词可以带主谓词组作的宾语,如:知道、认为、相信、看见、听见、听说、说、发现、希望、盼望、记得、怕、觉得、感觉、感到等。例如:

①他说<u>他要发一封电子邮件</u>。

②我觉得<u>头有点儿不舒服</u>。

③你记得<u>明天是她的生日</u>吗?

(五)关于施事宾语

汉语里,大部分宾语是受事者或者动作的接受者。也有实施动作的词或词组作宾语的,而且没有任何标志,这就是施事宾语。本书不取"倒装句"或"主语后出现"的说法。例如:

①前边开来一辆<u>大货车</u>。

②前天搬走了几个<u>留学生</u>。

③会议室里坐着很多工会的<u>代表</u>。

(六)无论是什么词或词组作宾语,都不会改变形态,也就是说,词和词组(特别是人称代词)充当任何句子成分时都没有形态变化。例如:

①我喜欢<u>她</u>。

②他不告诉我。

③她不佩服你。

④你看见她们了吗？

⑤你们认识他吗？

⑥他邀请我们了。

第四节　定　语

一、基础知识

(一)定语是在主语或宾语前边起修饰、限制作用的词或词组。

(二)定语是表示主语或宾语的形状、质料、数量、属性、处所、时间、范围等的词语。例如：

①圆形的屋顶相当好看。

②大理石的柱子是这座楼最大的特色。

③十个人的小组有好几个。

④我的中文书很多。

⑤北方的天气比较冷。

⑥昨天的讨论会参加的专家不少。

⑦全体代表都来了。

(三)很多词类可以充当主语和宾语前的定语。例如：

①妈妈的头巾很漂亮。　　　　(名词)

②这是公司的财产。　　　　　(名词)

③他们的教练很严格。　　　　(代词)

④她喜欢我姑姑。　　　　　　(代词)

⑤蓝裙子也好看。　　　　　　(形容词)

⑥我常常穿粉红衣服。　　　　(形容词)

⑦邀请的贵客都在客厅。　　　(动词)

⑧刘力在看旅游手册。　　　　(动词)

⑨<u>十</u>的十倍是一百。　　　　　　（数词）

⑩一百是<u>五</u>的二十倍。　　　　　（数词）

(四)很多词组也可以充当主语的定语。例如：

①<u>杭州和苏州</u>的风景都很别致。　　（联合词组）

②<u>他说</u>的话对极了。　　　　　　　（主谓词组）

③<u>说话</u>的人是公司的总裁。　　　　（动宾词组）

④<u>不合法</u>的事情一定不能做。　　　（偏正词组）

⑤<u>两支</u>队伍在拔河。　　　　　　　（数量词组）

⑥<u>做完</u>的<u>五个</u>同学先走了。　　　（补充词组、数量词组）

⑦<u>墙上</u>的通知我看了。　　　　　　（方位词组）

⑧<u>齐赞教授</u>的实验小组研制出了一种新药。（同位词组）

⑨<u>举世瞩目</u>的北京奥运会于 2008 年 8 月 8 日在鸟巢盛大开幕。

　　　　　　　　　　　　　　　　　（固定词组）

(五)很多词组也可以充当宾语的定语。例如：

①我去过<u>云南和贵州</u>的省会。　　　（联合词组）

②大家都在等<u>你和她</u>的好消息。　　（联合词组）

③经理要见<u>你请来</u>的经济专家。　　（主谓词组）

④我要看看<u>唱歌</u>的演员。　　　　　（动宾词组）

⑤这是<u>十分愉快</u>的事情。　　　　　（偏正词组）

⑥这间教室可以坐<u>二十个</u>学生。　　（数量词组）

⑦老师请<u>五个</u><u>写得好</u>的同学朗读自己的作文。

　　　　　　　　　　　　　　　　　（数量词组、补充词组）

⑧那天我们都参加了<u>宿舍里</u>的生日会。（方位词组）

⑨他们参观了<u>沈阳那座城市</u>的市容。（同位词组）

⑩小丽是个<u>心直口快</u>的姑娘。　　　（固定词组）

二、教学注意事项

(一)定语必须在被修饰、被限制的中心语前边。定语如果调换到中心语后边,结构、意思都会完全改变,甚至不成话了。例如：

①房间隔壁是一个小读书室。
　　——隔壁房间是一个小读书室。
②我哥哥是外科医生。("我"说的)
　　——哥哥我是外科医生。(哥哥说自己)
③总裁的家在郊外。
　　——×家的总裁在郊外。

(二)定语和结构助词"的"

1. 有些定语后边需要用结构助词"的"。
(1)表示领属关系的名词、代词。例如：

　　小王的电脑　　　　我的东西
　　父亲的眼镜　　　　他们的资料

(2)表示时间的名词。例如：

　　晚上七点的电影

(3)表示处所的名词、代词。例如：

　　后边的院子　　　　那里的环境

(4)动词和重叠形式的形容词。例如：

　　锻炼的计划　　　　大大的眼睛
　　坐的姿势　　　　　干干净净的衣服

(5)数词在表示数目的词语前边。例如：

　　五的三倍

(6)各类词组。例如：

　　定语和助词的关系　　（联合词组）
　　他说的话　　　　　　（主谓词组）
　　逛公园的人　　　　　（动宾词组）
　　非常幽默的演员　　　（偏正词组）
　　跳得高的运动员　　　（补充词组）
　　学校旁边的超市　　　（方位词组）
　　画家马力的作品　　　（同位词组）
　　对他的态度　　　　　（介宾词组）

2. 有的定语不能加结构助词"的"。
(1)表示人、事物性质的名词。例如：
　　植物人　　　　　铁锅
(2)指示代词,疑问代词"什么"、"多少"。例如：
　　这封信　　　　　哪根绳子
　　什么水果　　　　多少钱
(3)单音节形容词。例如：
　　红花　　　　　　新书
(4)重叠形式的量词。例如：
　　种种办法　　　　件件衣服
(5)表示人、事物性质的动词。例如：
　　研究人员　　　　装饰品
(6)数量词组。例如：
　　三份合同　　　　五套餐具
3. 除了上面1、2所列,有许多定语用不用"的"都可以。
(三)定语中的成分比较多的时候,先后顺序一般是：
表示领属关系　　　指示　　数量　　表示修饰关系　　（中心语）
的名词、代词　　　代词　　词组　　的词语
　我父亲(的)　　——那——三本——有纪念意义的——（集邮册）

第五节　状　语

一、基础知识

(一)状语是在谓语前边修饰、限制谓语的词或词组。
(二)状语是表示谓语的时间、处所、程度、范围、情态、肯定否定、重复、主动被动、对象、原因等的词或词组。例如：
　①我明天去。　　　　　　　　　　　　　　（时间）
　②我在学校工作。　　　　　　　　　　　　（处所）

③我非常努力。 (程度)
④我们大家都认识他。 (范围)
⑤她全程经历了这次的探险活动。 (范围)
⑥你难道不认识他吗? (否定)
⑦今天又是星期五了。 (重复)
⑧她差点儿把今天的聚会忘了。 (主动)
⑨这位林木病虫害防治专家被我们请来了。 (被动)
⑩这个服务员对顾客很热情。 (对象)
⑪他为这次失误懊恼了好多天。 (原因)

(三)可以充当状语的词类很多,有副词、表示时间和处所的名词、助动词、形容词、动词、代词等。例如:

①她不相信。 (副词)
②她今天出国。 (时间词)
③外边停着一辆小轿车。 (处所词)
④她能解决汽油短缺问题。 (助动词)
⑤她小心地扶起母亲。 (形容词)
⑥她笑着鞠了一个躬。 (动词)
⑦她怎么那么有办法。 (代词)

(四)可以充当状语的词组很多,有介宾词组、联合词组、主谓词组、动宾词组、偏正词组、数量词组、方位词组、固定词组。例如:

①她对这个安排很满意。 (介宾词组)
②她又说又笑地跑过来。 (联合词组)
③母亲心疼地抱着生病的儿子。 (主谓词组)
④她有意识地看了一眼。 (动宾词组)
⑤她非常谦虚地点了点头。 (偏正词组)
⑥你一顿能吃几个馒头? (数量词组)
⑦我们屋里谈吧。 (方位词组)
⑧老师语重心长地说:"你可一定要好好儿学习呀。"
(固定词组)

二、教学注意事项

（一）状语必须在被修饰、被限制的中心语前边，一定不能放在后边。例如：

　　①代表们都报到了。　　　　×代表们报到都了。

　　②特奥会已经开幕了。　　　×特奥会开幕已经了。

（二）状语和结构助词"地"

1. 有些状语后边要用结构助词"地"。例如：

　　①我羡慕地看着那个可爱的婴儿。　　（动词）

　　②他又仔细地检查了一遍。　　　　　（双音节形容词）

　　③他们保质保量地完成了任务。　　　（联合词组）

　　④我们情绪高涨地唱起歌来了。　　　（主谓词组）

　　⑤她很风趣地眨了眨眼睛。　　　　　（形容词性的偏正词组）

　　⑥她针锋相对地指责了他。　　　　　（固定词组）

2. 有的状语不能加结构助词"地"。例如：

　　①我不吸烟。　　　　　　　　　　　（单音节副词）

　　②我在家写工作报告。　　　　　　　（介宾词组）

　　③你可以坐公交车去。　　　　　　　（助动词）

　　④你明天来一趟吧。　　　　　　　　（名词）

　　⑤我们这样办吧。　　　　　　　　　（代词）

　　⑥学习语言要多听多说。　　　　　　（单音节形容词）

　　⑦她一次也没来过。　　　　　　　　（数量词组）

　　⑧她一个月回家一次。　　　　　　　（名词性偏正词组）

　　⑨我十月以后去北京。　　　　　　　（方位词组）

　　⑩她很少来我这儿。　　　　　　　　（"很少"）

3. 此外，有许多状语用不用"地"都可以。比如，一些双音节副词和双音节形容词作状词时加不加"地"都可以。例如：

　　非常高兴　　　非常地高兴

　　认真学习　　　认真地学习

(三) 副词连用时的次序

两个副词连在一起作状语时有一定的顺序。"都"要在"也"后边,在"常常"前边。"不"要在"也"、"已经"后边。例如:

①我们都是学生,他们也都是学生。　　×都也是
②我们都常常去看老师。　　　　　　×常常都去
③我不唱,他也不唱。　　　　　　　×不也唱
④我已经不疼了。　　　　　　　　　×不已经

(四) 状语中的成分比较多的时候,先后顺序一般是:

时间—处所——范围—程度——情态/方式——工具——对象——(中心语)

上月　在苏州　　都　　非常　　热情地　用家乡话　跟我　　(聊天儿)

第六节　补语 1(结果补语)

一、基础知识

(一) 补语是在谓语动词后边补充说明动作发生的数量、程度、结果、趋向或可能的词或词组。虽然说结构助词"得"是补语的标志,但是并不是所有的补语都用"得"。可能补语的肯定式、状态补语以及部分程度补语是要用"得"的,其他补语不能用"得"。例如:

①你唱得非常好听。　　　　(状态补语的肯定式)
②他说得不快。　　　　　　(状态补语的否定式)
③这孩子脾气倔得很。　　　(程度补语)
④你可把我吓死了。　　　　(程度补语)
⑤她应该听得懂。　　　　　(可能补语的肯定式)
⑥他搬不动。　　　　　　　(可能补语的否定式)
⑦我去了一次。　　　　　　(数量补语)
⑧我看完了。　　　　　　　(结果补语)
⑨我们送去吧。　　　　　　(趋向补语)

(二)补语也是在谓语形容词后边补充形容、说明事物的性状、时间、数量、程度等的词或词组。例如：

①她比你快得多。　　　　　　　（形容词作程度补语）
②树上的苹果都红透了。　　　　（形容词作程度补语）
③她累得走不动了。　　　　　　（补充词组作状态补语）
④你比他慢5秒钟。　　　　　　（偏正词组作数量补语）

(三)补语可以分成下列几类：结果补语、程度补语、状态补语、数量补语、趋向补语、可能补语。这一节介绍结果补语。

(四)结果补语是在谓语动词后边补充表示动作结果的动词、形容词或介宾词组。例如：

①我听懂这句话的意思了。　　　（不但听了,而且懂了）
②我看清楚通知上的字了。　　　（不但看了,而且字看得很清楚）
③我放在窗台上了。　　　　　　（放的结果,东西在窗台上了）
④我把今天的晚报放到书架上了。（放的结果,到书架上了）

1. 如果有宾语,宾语要放在谓语动词和结果补语之后,而不能在动补词组之间。例如：

①我看见她了。　　　　　　　　×我看她见了。
②她听懂我的话了。　　　　　　×她听我的话懂了。

2. 结果补语的否定式,一般都在谓语动词和结果补语前边用"没(有)"；只有表示未完成或假设的时候才用"不"。例如：

①我没看见她。　　　　　　　　×我不看见她。
②我不看见她就决不离开。
③她没听清楚我的话。　　　　　×她不听清楚我的话。
④她不听清楚我的话,怎么能了解我的良苦用心呢?
　（如果）你不看懂这封信,就不知道她走的原因。
　（要是）我不写完这篇总结,就不休息。

二、教学注意事项

(一)动词和结果补语之间不能加任何词语。

(二)可以作结果补语的动词很多。例如:完、见、开、住、在、到、给、着(zháo)等。

(三)可以作结果补语的形容词也很多。例如:好、坏、对、错、清楚、干净等。

(四)动词和结果补语后边一般只能带一个宾语。

(五)动词和结果补语后边,可以带动态助词"了、过";但是不能带助词"着"。例如:

①她今天找着(zháo)了那本书。

×她今天找着(zháo)着那本书。

②这位专家讲清楚了学生提出的问题。

×这位专家讲清楚着学生提出的问题。

③我看见过那本书。

×我看见着那本书。

(六)有的动词可以作结果补语,却不能带结果补语;有的动词可以带结果补语,却不能作结果补语。例如:

1. 懂、着(zháo)、在、给、到、完等动词,只能作其他动词的结果补语,却不能带结果补语。

2. 听、看、读、拿、含、睁等动词,只能带结果补语,却不能作其他动词的结果补语。

第七节　补语2(程度补语)

一、基础知识

(一)程度补语是在谓语动词后边补充说明动作的程度的词或词组,或者是在谓语形容词后边补充说明事物情态、性状的程度的词或词组。例如:

①我的口语比他差远了。

②人们恨死了醉酒驾车的人。

③他勤奋得很。

(二)可以充当程度补语的有形容词,如"多、死、坏、透、远";副词,如"很、极";动词,如"要命、要死"。

(三)谓语动词、形容词和程度补语之间用不用结构助词"得"取决于后面的程度补语。用"极、透、死、坏、多、远"作程度补语时,不用"得";用"很、慌、多、不得了(liǎo)、要死、要命、厉害"作程度补语时要用"得"。例如:

①这孩子总是不听话,真是气<u>死</u>我了。
②那个孩子可爱<u>极</u>了。
③今天可把我累<u>坏</u>了。
④小李比他高<u>多</u>了。
⑤小李比他高<u>得多</u>。
⑥听到这个消息他怕<u>得要死</u>。
⑦得知他被北京大学录取了,妈妈高兴<u>得不得了</u>。

二、教学注意事项

(一)带不用"得"的程度补语的句子,句末一定要有"了"。例如:

①今年的天气糟透<u>了</u>。
②他的话把爸爸气坏<u>了</u>。
③这次比上次好多<u>了</u>。

(二)动词或形容词跟补语之间不能插入"了"或者"过"。例如:

①昨天我可累坏了。
　×昨天我可累<u>了</u>坏了。　　×昨天我可累<u>过</u>坏了。
②人们恨透了那些不讲社会公德的人。
　×人们恨<u>了</u>透了那些不讲社会公德的人。
　×人们恨<u>过</u>透了那些不讲社会公德的人。

(三)谓语动词如果有宾语,一般有以下处理方法。

1. 宾语直接放在程度补语后面。例如:

①人们恨透<u>了那些不讲社会公德的人</u>。
②怎么还不开饭?都快饿死<u>我</u>了。

2. 重复动词后再加宾语。例如:

①敌人怕他怕得要命。

②你妈妈想你想得不得了,快给她打个电话吧。

第八节　补语3(状态补语)

一、基础知识

(一)状态补语是动词后面表示动作的结果状态的词语,或者是形容词后面描写具体情态的词语。例如:

①他高兴得跳了起来。

②爸爸忙得连喝水的时间都没有。

③马克的汉语说得非常流利。

(二)可以充当状态补语的词类和词组很多。例如:

①她写得好(,我写得不好)。　　　　　　(形容词)

②你今天玩儿得怎么样?　　　　　　　　(代词)

③我们跳得非常开心。　　　　　　　　　(偏正词组)

④她累得又饿又困。　　　　　　　　　　(联合词组)

⑤你画得精致极了。　　　　　　　　　　(补充词组)

⑥我嗓子都干得冒烟了。　　　　　　　　(动宾词组)

⑦那个女孩子高兴得眼泪都流出来了。　　(主谓词组)

(三)如果有宾语,一般有以下几种处理办法:

1. 宾语要放在谓语动词后边,并重复前边的动词,然后再用"得"。例如:

①她写字写得很好。　　　　×她写字得很好。

②小红织毛衣织得又快又好。　×小红织毛衣得又快又好。

2. 如果不重复动词,可以把宾语放在谓语动词前边,这样就成了主谓词组作谓语了。例如:

①她字写得很好。

②小红毛衣织得又快又好。

3. 如果不重复动词,也可以用"的"字连接谓语动词的宾语,这样动词的宾语就成了全句的主语。例如:

①她的字写得很好。

②小红的毛衣织得又快又好。

(四)状态补语的否定形式,是在结构助词"得"后边、状态补语前边用"不"或者"没(有)"。例如:

①我织毛衣织得不快。

②他们打字打得不太熟练。

③他唱得没有节奏。

二、教学注意事项

(一)状态补语和结构助词"得"

谓语动词或形容词和状态补语之间一定要用"得"。例如:

①他说得很清楚。　　　　　×他说很清楚。

②她演得很到位。　　　　　×她演很到位。

③这个办公室干净得一尘不染。×这个办公室干净一尘不染。

④她兴奋得唱起来了。　　　×她兴奋唱起来了。

⑤天气热得像下了火。　　　×天气热像下了火。

(二)状态补语的否定形式,否定副词一定要用在状态补语前边,而不是用在谓语动词前边。例如:

①她唱得不好听。　　　　　×她不唱得好听。

②他翻译得不太准确。　　　×他不翻译得太准确。

(三)不是所有的状态补语都有否定形式,只有语义指向动作的有否定形式,而描写性的状态补语不用否定形式。例如:

①他汉语说得不流利。

②她长得不漂亮。

③他急得团团转。

　　×他急得不团团转。　　×他急得没(有)团团转。

④他高兴得又蹦又跳。

×他高兴得不又蹦又跳。　　×他高兴得没(有)又蹦又跳。

(四)带状态补语的动词一般都是已经完成的,但是补语前边的结构助词"得"不能换用"了"。例如:

①他翻译得很准确。　　×他翻译了很准确。
　　　　　　　　　　　×他翻译了得很准确。
②她编写得很完整。　　×她编写了很完整。
　　　　　　　　　　　×她编写了得很完整。

(五)形容词作状态补语和作状语的比较

1. 状态补语在动词后边,状语在动词前边。

2. 状态补语前边用"得",状语后边用"地"。

3. 状态补语表示已发生的动作进行的程度,是描写性的;状语表示让动作按什么方式进行等,是叙述性的。例如:

①汉语他说得很多。　　　(他常常说汉语)
　　　　　　　　　　　(已经说了很多汉语)
②你要多说汉语。　　　　(你不能不说汉语)
　　　　　　　　　　　(以后要多说些汉语)

第九节　补语4(数量补语)

一、基础知识

(一)数量补语是在谓语动词或形容词后边,补充说明动作行为经历、延续的时间,动作进行的次数或者人和事物的长度、高度、数量等表示数量的词或词组。

可以充当数量补语的,只能是数量词组和偏正词组。

(二)数量补语一般可以分成三类:

1. 动量补语

(1)动量补语是在谓语动词后边表示动作次数的补语。例如:

①我们每天去三次。

②这个电影他看了两遍。

(2)如果又有动量词组又有宾语：

A. 一般要重复动词，宾语放在前一个动词后边，重复的动词后边加"了"，再加动量词组。

B. 可以把宾语放在谓语动词前边，变成主谓词组作谓语。

C. 可以把这个宾语放在句首作为主语，全句变成主谓词组作谓语。

例如：

①他看这个电影看了三遍。　他这个电影看了三遍。

　　　　　　　　　　　　这个电影他看了三遍。

②她爬山爬了好几次了。　她山爬了好几次了。

　　　　　　　　　　　　山她爬了好几次了。

(3)宾语表示确定的人、物或地名时，既可以放在谓语动词之后，也可以在动量补语之后；而代词宾语则一定要放在谓语动词和动量补语之间。

例如：

①他每天来公司两次。

　他每天来两次公司。

②我们专门去了超市一趟。

　我们专门去了一趟超市。

③上星期我看望了康叔叔一次。

　上星期我看望了一次康叔叔。

④他看了这个电影两遍。

　他看了两遍这个电影。

⑤律师找了他两次。　　×律师找了两次他。

⑥我来过这儿三次。　　×我来过三次这儿。

2. 时量补语

(1)时量补语是在谓语动词后边表示动作进行了多长时间的补语。

例如：

①我今天看了一小时。

②你跳二十分钟吧。

(2) 如果有宾语,可以重复谓语动词。例如:

①我今天看报看了一小时。
②你跳舞跳了二十分钟吧?
③我昨天上网上了半个钟头。
④我查资料查了三天。

(3) 如果宾语是表示一般事物的名词(词组),也可以把宾语放在时量补语后边。例如:

①我每天晚上听半小时古典音乐。
②他昨天打了一刻钟国际长途电话。

(4) 如果宾语是表示确定的人的名词、代词,一般位于时量补语前。例如:

①我们都等了你半个小时了。
②上级部门考察他一年多了,终于决定任命他为副局长。

3. 名量补语

名量补语是在谓语形容词后边表示长度、高度、数量等的补语。其中多数有比较意义,又称为比较数量补语。例如:

①她高一米七八。
②那条路比这条路近三公里。
③这件衣服长一点儿。
④今天的气温比昨天低两度。

二、教学注意事项

(一) 关于数量补语

1. 数量补语直接用在动词或形容词后边,不用任何词语连接。不能用结构助词"得"。

2. 副词状语一般都放在动词前边,而不是放在动词和数量补语之间。例如:

①我只写了一小时。　　　×我写了只一小时。
②他们都看了两遍。　　　×他们看了都两遍。

3. 副词状语要放在重复的动词前边,而不是放在第一个动词前边。例如:

①我写信<u>只写</u>了半个钟头。　　×我<u>只写</u>信写了半个钟头。

②他们看这个电影<u>都看</u>了一遍。　　×他们<u>都看</u>这个电影看了一遍。

4. 带数量补语的动词不能重叠。例如:

①我们坐一会儿吧。　　×我们坐坐一会儿吧。

②你读一遍课文第五段吧。　　×你读读一遍课文第五段吧。

5. 要说明在若干时间或次数的情况下进行了某些动作时,要把数量词组放在动词前边作状语,而不能用数量补语。例如:

①我们<u>一个月</u>就完成了任务。

　　×我们就完成了任务一个月。

②他们几个男生<u>两趟</u>就搬完了这些家具。

　　×他们几个男生就搬完了这些家具两趟。

(二)关于时量补语

1. 有宾语而不重复动词时,可以在时量补语后边加助词"的";但是,时量补语就变成了宾语的定语。例如:

①我今天看了一小时的杂志。　　我今天看杂志看了一小时。

②我查了三天的历史资料。　　我查历史资料查了三天。

2. 有些动词表示的动作是不能持续的,如果有宾语可以直接带时量补语,而不用重复动词。例如:

①我<u>离开</u>家乡十几年了。

②她<u>到</u>北京两天了。

第十节　补语5(趋向补语)

一、基础知识

(一)趋向补语是在谓语动词后边补充说明动作趋向的动词或词组。

(二)趋向补语可以分成简单和复合两类。

1. 简单趋向补语——来、去

(1)动词"来"和"去"在谓语动词后边,表示动作是不是朝着立足点进行的。也就是说,用"来"还是"去",是以说话人的立足点作为标准的。

(2)如果动作是朝着立足点进行的,就用"来"作趋向补语。例如:

①我买来了一本练习册。

②她带来一本妇女杂志。

(3)如果动作是背离立足点进行的,就用"去"作趋向补语。例如:

①你回去吧。

②哥哥拿去一张报纸。

(4)如果有处所宾语,一定要放在谓语动词和趋向补语"来"或"去"之间,而不能放在"来"或"去"后边。例如:

①你回家去吧。　　　　　×你回去家吧。

②他出门去了。　　　　　×他出去门了。

③你们都进屋来。　　　　×你们都进来屋。

④快下楼来呀。　　　　　×快下来楼呀。

2. 复合趋向补语——由简单趋向补语"来"、"去"和"上"、"下"、"进"、"出"、"回"、"过"、"起"等动词构成:

　　上来　　上去　　下来　　下去　　进来　　进去

　　出来　　出去　　回来　　回去　　过来　　过去　　起来(没有"起去")

(1)复合趋向补语中"来"、"去"也是表示动作是否向着立足点进行的;"来"、"去"前边的动词"上"、"下"、"进"、"出"等则表示具体的方位。例如:

①我买回来了。　　　　　(说话人可能在家里)

②他跑上来了。　　　　　(说话人在上边)

③我们搬进去吧。　　　　(说话人在外边)

(2)如果谓语动词带表示处所之类的宾语,又有复合趋向补语,宾语要放在复合趋向补语之间,不能放在"来"或"去"的后边。例如:

①他走上楼来了。　　　　(说话人在楼上)

　　×她走上来楼了。　　×她走楼上来了。

②我要跑回学校去。　　　(说话人在学校外边)

×我要跑回去学校。　　×我要跑学校回去。

(3)其他非处所宾语可以放在复合趋向补语之间,或者"来"、"去"后边。例如:

　　①我买回鱼来了。

　　　我买回来鱼了。

　　②她拿出二百块来。

　　　她拿出来二百块。

(4)非处所宾语在复合趋向补语之后的句子,一般表示动作已经完成。例如:

　　①他挂起来一面国旗。

　　②她放进去一支笔。

二、教学注意事项

(一)趋向补语都是直接用在动词后边的,而不用任何词语连接。

(二)趋向补语和动态助词

1. 带简单趋向补语的动词后边或补语后边可以用动态助词"了"表示完成。例如:

　　①她带了两本地理书来。

　　　她带来了两本地理书。

　　②我给他们送了几斤苹果去。

　　　我给他们送去了几斤苹果。

2. 带复合趋向补语的动词后边可以用动态助词"了"表示完成,但不能用动态助词"过"。例如:

　　①那个小朋友跑了进去。　　×那个小朋友跑过进去。

　　②大夫开出来了一张处方。　　×大夫开出来过一张处方。

(三)复合趋向补语的引申用法举例

1. "起来"用在动词、形容词后边

(1)可以表示动作或状态开始并继续。例如:

　　①合唱团唱起来了。

②合唱团唱起歌来了。　　×唱歌起来

③武术队已经练起来了。

④武术队已经练起武术来了。　×练起来武术　×练武术起来

⑤冬天了,天气冷起来了。

⑥她的身体好起来了。

(2)还可以表示人、事物从分散到集中。例如:

①这些暂时不用的桌椅先集中起来吧。

②这几个社区的居民都组织起来了。

(3)还可以表示动作进行的时候。例如:

①有些事情说起来容易,做起来难。

②这个领导表扬起人来非常客气,批评起人来非常严厉。

2."下去"用在动词后边,可以表示动作还要继续。动词后边不能带宾语。例如:

①你念下去吧。　　　　　×你念这篇课文下去吧。

②我们还要讨论下去。　　×我们还要讨论这个问题下去。

3."出来"用在动词后边

(1)可以表示动作产生了结果,一般是从无到有。例如:

①这个设计图纸已经画出来了。

②我们都定出计划来了。

(2)还可以表示动作能分辨人或事物。例如:

①我听出来了,你是章力。

②我能听出你的声音来。

4."下来"

(1)用在形容词后边,可以表示动作、状态从动到静、从明到暗的过程。例如:

①大家安静下来了。

②天已经黑下来了。

(2)用在动词后边,可以表示动作使人或事物保留在某处。例如:

①她生日那天的情景,你拍下来了吗?

②他说的注意事项,你都要写下来。
③我把专家讲的要点记下来了。
(3)用在动词后,表示完成一件很难完成的事情。例如:
①在那么艰苦的环境下红军都坚持下来了。
②十年拼搏下来,他终于还清了全部债务。

第十一节　补语6(可能补语)

一、基础知识

(一)可能补语,是在谓语动词后边表示可能性的补语。具体地说,就是在谓语动词和结果补语或趋向补语之间,加一个结构助词"得"或"不",就成了可能补语。

(二)可以作可能补语的有动词、形容词和补充词组。例如:
①你买着那本画报了吗?　　(动词作结果补语)
　　——你买得着那本画报吗?(可能补语)
②我听清楚你的意思了。　　(形容词作结果补语)
　　——我听得清楚你的意思。(可能补语)
③他从马路对面过来了。　　(动词作趋向补语)
　　——他从马路对面过得来。(可能补语)
④我今天晚上走回去。　　(补充词组作趋向补语)
　　——我今天晚上走得回去。(可能补语)

(三)可能补语的肯定式,可以在谓语动词和可能补语前边用表示可能的助动词。例如:
①我能看得清楚黑板上的字。
②他可以完成得了这个任务。

(四)可能补语的否定式,是把肯定式谓语动词和动词补语之间的"得"去掉,而换用"不"。例如:
①我看不懂这封中文信。　　　×看得不懂

②小孩子上不去。　　　　　　×上得不去
③我怎么也记不下来。　　　　×记得不下来

(五)如果有宾语,宾语要放在谓语动词和可能补语后边,而一定不能放在谓语动词和补语之间。例如:

①我们都记得住这些比赛规则。×我们都记这些比赛规则得住。
　　　　　　　　　　　　　　×我们都记得这些比赛规则住。
②这个教室坐不下五十人。　　×这个教室坐不五十人下。
　　　　　　　　　　　　　　×这个教室坐五十人不下。
③那个教室坐得下五十人。　　×那个教室坐五十人得下。
　　　　　　　　　　　　　　×那个教室坐得五十人下。

二、教学注意事项

(一)带可能补语的动词,如果有宾语,也常放在句首作受事主语,或者放在主语后边,成为主谓词组作谓语的主语。例如:

①这篇文章我看得懂。
　我这篇文章看得懂。
②这个任务他们完成不了。
　他们这个任务完成不了。
③教学进度老师发下来了。
　老师教学进度发下来了。
④她的讲话我记得下来。
　我她的讲话记得下来。

(二)带可能补语的动词前边有助动词时,不能用否定助动词的方法来代替可能补语的否定式。例如:

①她写不清楚这些句子。　　×她不能写得清楚这些句子。
　(可以说:她不能写清楚这些句子。)
②他们完成不了这个任务。　×他们不能完成得了这个任务。
　(可以说:他们不能完成这个任务。)

(三)可能补语和状态补语的比较

1. 可能补语和状态补语的肯定形式,都要用结构助词"得"。例如:

①她写得清楚。　　　　（可能补语。补语前不能带任何修饰成分）

②她写得很清楚。　　　（状态补语。补语前常带程度副词）

③我听得懂。　　　　　（可能补语。补语只能是单独的动词或补充词组）

④我听得流下了眼泪。（状态补语。单独的动词不能作状态补语）

2. 可能补语和状态补语的否定形式不同。可能补语不用"得"而用"不";状态补语还要用"得",否定的是"得"字后边的补语。例如:

①她写不好。　　　　　　（可能补语）

②她写得不好。　　　　　（状态补语）

3. 可能补语和状态补语的正反疑问句的形式不同。可能补语要并列动词和补语的肯定式和否定式,而状态补语要并列"得"字后边的补语的肯定式和否定式。例如:

①他做得好做不好?　　　（可能补语）

②他做得好不好?　　　　（状态补语）

4. 如果有宾语,可能补语的宾语应该放在动词和可能补语的后边,而在动词和状态补语的后边却不能带宾语。例如:

①他画得好这张地图。　　（可能补语）

②他(画)这张地图画得很好。（状态补语）

　　×他画得很好这张地图。

5. 重音不同。可能补语的重音在前边的动词上,而状态补语的重音在后边的补语上。

(四)可能补语的引申意义举例

1. 动词"动"作可能补语,表示有没有力量让人或事物移动位置。例如:

①我走得动。

②他跑不动了。

③我搬得动这把椅子。

④他提不动这个箱子。

2. 动词"下"作可能补语,表示某空间能不能容纳一定数量的人或事物。例如:

　　①这个教室坐得下三四十人。
　　②那个礼堂坐不下两千人。
　　③每个房间都放得下两张床。
　　④我吃不下这么多面条。

3. 动词"了(liǎo)"作可能补语,表示有没有能力或可能做某事。例如:
　　①这个讨论会我参加得了。
　　②他出席得了你们的婚礼。
　　③我去不了公园了。
　　④他参观不了这个展览了。

【句子成分教学注意事项】

一、关于句子成分的教学——一般是遇到什么教什么。

句子成分是语法术语。句子是由词或词组构成的,是表达思想的基本单位。句子中的词和词组,都是按照既定的语法规则排列的。从语法角度来分析,这些词或词组就是句子成分。句子成分一般有六种:主语、谓语、宾语、定语、状语和补语。句子成分是贯穿在整个语法教学中不可缺少的内容。

二、怎么教呢?在词和词组教练的基础上,进行句子成分教学。训练句子成分是和句子分不开的,可以一个一个地教句子成分,目的是让学生能正确使用汉语进行交际。训练的方法很多,例如:

1. 开始只训练听、说、读、写简单的句子。
2. 用学过的词语做替换句子成分的练习。
3. 同类的句子成分经过替换训练之后,可以告诉学生:这就是某句子成分。

练 习

1. 主语和宾语在句中的位置有什么不同?
2. 主语有哪几种类型?宾语有哪几种类型?请各举例说明。

3. 举例说明定语和状语的异同。

4. 哪些词类和词组可以作定语？请各举一个例子。

5. 哪些定语后边不能加结构助词"的"？

6. 哪些词类和词组可以作状语？请各举一个例子。

7. 哪些状语后边不能加结构助词"地"？

8. 状语和补语有什么不同？

9. 什么词类可以带补语？补语有哪几类？

10. 有结果补语的句子里，宾语的位置在哪里？

11. 结果补语的否定式怎么表达？

12. 程度补语和状态补语一定要用结构助词"得"吗？

13. 状态补语的否定式怎么表达？

14. 有状态补语的句子里，宾语的位置在哪里？

15. 数量补语有哪几类？宾语放在哪里？

16. 数量补语有哪些作用？请举例说明。

17. 简单趋向补语和复合趋向补语有哪些异同？

18. 宾语在趋向补语的前边还是后边？

19. 复合趋向补语的"下去"、"下来"，除了表示动作的具体趋向外，还可以表示什么意思？"起来"呢？

20. 可能补语的否定式怎么表达？

21. 宾语在可能补语的前边还是后边？

22. 怎么区分可能补语和状态补语？

23. 可能补语的"了(liǎo)"、"下"、"动"表示什么意思？请举例说明。

24. 结果补语、趋向补语跟可能补语有什么关系？

25. 定语、状语、补语和结构助词"的、地、得"有什么关系吗？

26. 你准备怎么教《汉语教程》（修订本）第一册（上）第十二课的定语？请写出来。

27. 你准备怎么教《汉语教程》（修订本）第一册（下）第二十五课的状态补语(1)？请写出来。

第四章 单　句

单句是跟复句相对而言的。从单句的结构来看,可以分成主谓句和非主谓句两大类。主谓句就是包括主语和谓语两个部分的句子,也叫双部句;非主谓句则是分不出主语部分和谓语部分的句子,也叫单部句。

一、主谓句

(一)从谓语部分的主要结构成分来看,主谓句可以分成四类:

1. 动词谓语句。例如:我发电子邮件。
2. 形容词谓语句。例如:他很高。
3. 名词谓语句。例如:明天星期六。
4. 主谓谓语句。例如:我身体很好。

(二)从句子的功能来分,也可以分成四类:

1. 陈述句。例如:我是汉语老师。
2. 疑问句。例如:你去哪儿?
3. 祈使句。例如:你快打电话啊。
4. 感叹句。例如:这里的风景太美了!

二、非主谓句

可以分成以下三类:

(一)无主句。例如:出太阳了。

(二)独语句。例如:蛇!

(三)省略句。例如:(我去商场,)你呢?——(我去)银行。

第一节　动词谓语句

一、基础知识

(一)动词谓语句——谓语的主要部分是由动词充当的,是说明主语做什么的句子。

(二)动词充当谓语的句子在汉语里占很大的比例。

(三)谓语动词可以不带宾语,也可以带宾语。很多谓语动词可以带一个宾语,叫作单宾语;少数动词可以带两个宾语,叫作双宾语(见第一章"动词"一节)。例如:

主语	谓语动词	宾语1 (间接宾语)	宾语2 (直接宾语)
我	吃		
你	喝	茶。	
我	是	心理医生。	
她	有	这本小说。	
你	通知	学生。	
他	通知	大家	开会。
哥哥	告诉	我	一件事。

(四)除了上边的基本格式外,动词谓语句有很多特别的格式,比如兼语句、"把"字句、存现句等(这些将在第六章"特殊句式"中介绍)。

(五)谓语动词的否定式,如果否定将来要做的动作行为或者是经常性的动作行为,应该在动词前边用副词"不"否定;如果是否定已经发生的动作行为,就要用"没(有)"否定。例如:

①明天我<u>不</u>逛街。　　我昨天<u>没</u>逛街。

②他晚上一般不跳舞。　他今天晚上没跳舞。

二、教学注意事项

（一）谓语动词只带一个宾语的句子，叫单宾语动词谓语句；谓语动词带两个宾语的句子，叫双宾语动词谓语句。

（二）宾语都在谓语动词后边。只有在表示强调时，才把宾语放在动词前边作受事主语（见第三章"宾语"一节）。

第二节　形容词谓语句

一、基础知识

（一）形容词谓语句——谓语部分是由形容词直接充当的，而不用"是"或"有"等动词；是用谓语形容词描写主语的性状、好坏等的句子。例如：

①她高，我矮。

②他弟弟很瘦。

（二）形容词谓语句的否定式，是在谓语形容词前边加"不"。例如：

①那个学生不刻苦。

②这位体操冠军不张扬。

（三）形容词谓语句的谓语部分如果只有一个形容词，前边往往用表示轻微程度的"很"；如果不用"很"而只用一个单纯的形容词，常常意味着和另一事物比较的意思。例如：

①这张桌子很新。

　这张桌子新。　　（意味着：那张桌子比这张旧。）

②阿文很用功。

　阿文用功。　　（意味着：某人没有阿文用功。）

（四）形容词谓语句的否定式用"很"时，可以有两种不同的位置：在"不"字前边或在"不"字后边。不同的位置，表示的程度也有差别。例如：

①我<u>不很</u>舒服。　　　　　（有点儿不舒服）
②我<u>很不</u>舒服。　　　　　（非常不舒服）

二、教学注意事项

(一)如果谓语形容词前边加上了"是",就是表示强调的意思了,"是"要重读。例如：

①她<u>是</u>高。　　　　　　（意思是：她的确高。）
②他弟弟<u>是</u>很瘦。　　　　（意思是：他弟弟的确很瘦。）

(二)谓语形容词后边只能带程度补语、状态补语和数量补语。例如：

①她灵活得<u>像只猴子</u>。　　　（状态补语）
②那个篮球运动员的技术好<u>极了</u>。（程度补语）
③她高<u>一米八二</u>。　　　　　（数量补语）

第三节　名词谓语句

一、基础知识

(一)名词谓语句——谓语由名词或名词性词组直接充当,而不用动词"是";是用谓语名词说明主语的国别、籍贯、年龄、职业、日期、节气、节日、钱数、气象等的句子。例如：

①我<u>中国人</u>。　　　　（国别。偏正词组）
②他<u>北京人</u>。　　　　（籍贯。偏正词组）
③她<u>护士</u>。　　　　　（职业。名词）
④昨天<u>十九(号)</u>。　　　（日期。数词）
⑤明天<u>元旦</u>。　　　　（节日。名词）
⑥今天<u>立秋</u>。　　　　（节气。名词）
⑦这本书<u>二十八元</u>。　　（钱数。数量词组）

(二)名词谓语句的否定式,是在谓语名词前边用"不是",而不是只用

"不"。名词谓语句用了"不是"就成了动词谓语句。例如:

①她<u>不是</u>欧洲人。　　×她不欧洲人。
②我<u>不是</u>律师。　　　×我不律师。
③今天<u>不是</u>春节。　　×今天不春节。

(三)表示数量的谓语名词前边可以受副词修饰。例如:

①今天<u>已经</u>二十七号了。
②现在<u>刚</u>两点。

二、教学注意事项

(一)名词谓语句只有肯定式。否定时就要在谓语名词前边用动词"是"的否定形式"不是",所以,名词谓语句的否定式是动词谓语句。

(二)名词谓语句常用于口语。

(三)名词谓语句有时用于列举或记账。例如:

①他重庆人,你天津人,我上海人。
②大卫美国人,阿里坦桑尼亚人,凯瑟琳瑞典人。
③正月初一春节,五月初五端午,八月十五中秋,九月初九重阳,腊月三十除夕。
④这次的奖品,第一名彩电,第二名数码相机,第三名DVD。
⑤桌子四张,椅子八把,书架两个,衣架一个。
⑥萝卜三块,胡萝卜两块八,青菜五块,土豆三块五。

第四节　主谓谓语句

一、基础知识

(一)主谓谓语句——谓语由主谓词组直接充当,描写、说明主语怎么样的句子。例如:

全句主语	全句谓语:主谓词组		
	主	状	谓
她	头发	很	长。
我们	身体	都很	健康。
这种台历	我	已经	有了。

"这种台历我已经有了"这类句子里的"这种台历"并不是"我"的定语,所以它后边不能加"的"。

(二)如果在谓语前边用结构助词"的",句子的结构就变了,谓语就不是主谓词组了。例如:

定语	主语	状语	谓语	句型
她的	头发	很	长。	形容词谓语句
我们的	身体	都很	健康。	
他的	电脑水平	非常	高。	

(三)主谓谓语句的否定式,是在谓语部分的谓语前边用否定副词"不"或"没(有)"。例如:

①妹妹眼睛<u>不</u>大。

②她胃<u>不</u>舒服。

③这本词典我<u>没</u>买。

二、教学注意事项

(一)主谓谓语句中主语和主谓谓语之间不用任何词语连接。如果用"是"连接,这个"是"表示强调,而且要重读。例如:

①他<u>是</u>字写得很漂亮。

②我<u>是</u>头有点儿疼。

这个"是"也可以放在主谓谓语的谓语前边,表示强调。例如:

③他字<u>是</u>写得很漂亮。

④我头<u>是</u>有点儿疼。

(二)主谓谓语句的谓语是及物动词时,宾语多是数量词组;也可以把宾语放在句首作受事主语。例如:

①我这本小说已经看了二十七页了。

这本小说我已经看了二十七页了。

②这种花色的毛衣我织了两件。

我这种花色的毛衣织了两件。

③这本小说我已经看完了。

我这本小说已经看完了。

④那些文件他都批阅了。

他那些文件都批阅了。

第五节　非主谓句

一、基础知识

(一)无主句——没有主语的句子。有的无主句是表示自然现象的,有的是说明事实情况的,有的是泛指的。例如:

①下雨了。　　　　(自然现象)

②现在营业。　　　(说明事实情况)

③注意车辆!　　　(泛指,让所有的人都要注意过往的车辆)

(二)独语句——只有一个词或一个偏正词组等的句子。有的独语句表示时间、地点、人员,有的表示称呼,有的表示突然发现或感叹,有的表示同意,等等。例如:

①二〇〇八年。

②首都机场。

③两位。

④老余!

⑤蛇!

⑥太奇妙了!

⑦多倒霉啊!

⑧同意。

⑨嗯。

(三)省略句——在一定语言环境里,可以省略某些成分,如省略谓语或者主语等,对方却能完全明白意思。例如:

①我的手机呢?(我放在哪儿了?)

②她呢?(她去哪儿了?)

③A:(我们几个朋友都打算听歌剧,)你呢?(你打算做什么?)

　B:(我打算)看话剧。

④A:你去哪个公园?

　B:(我去)香山(公园)。

二、教学注意事项

(一)关于无主句

1. 说明自然现象的无主句,是不能加任何主语的。例如:

　　①刮风了。　　　　×天刮风了。

　　　　　　　　　　　×它刮风了。

　　②打雷了。　　　　×天打雷了。

　　　　　　　　　　　×它打雷了。

2. 有些句子不必说出主语是什么。例如:

　　①开会了。　　　　×它开会了。

　　　　　　　　　　　×它到开会的时间了。

　　②揭幕了。　　　　×它揭幕了。

　　　　　　　　　　　×它到揭幕的时间了。

3. 表示泛指或祈使的时候,不加主语,意思也很明确。例如:

　　①请进。

　　②小心路滑。

(二)独语句常表示惊叹,句尾常用惊叹号"!"。

(三)省略句都是在语言环境很清楚的时候使用。

第六节　陈述句

一、基础知识

(一)陈述句是叙述、说明一件事或一种看法的句子。

(二)陈述句可以是各种结构类型的句子。书写时,句末用句号。例如:

　　①我明天去长城。　　　　　　(动词谓语句)
　　②我能看懂英文报。　　　　　(动词谓语句)
　　③票在玻璃板底下。　　　　　(动词谓语句)
　　④王经理每天都非常忙。　　　(形容词谓语句)
　　⑤天晴了。　　　　　　　　　(形容词谓语句)
　　⑥今天清明节。　　　　　　　(名词谓语句)
　　⑦这些资料我都需要。　　　　(主谓谓语句)
　　⑧地震!　　　　　　　　　　(独语句)

(三)陈述句的否定式,跟各类句子的否定式一样,用"不"或"没(有)"表示否定。例如:

　　①她明天<u>不</u>上班。　　　　　　她昨天<u>没</u>上班。
　　②她的普通话说得<u>不</u>太好。
　　③他今年<u>不</u>是二十(岁)。
　　④桌子上的文件我现在<u>不</u>看。　桌子上的文件我上午<u>没</u>看。
　　　　　　　　　　　　　　　　　桌子上的文件我还<u>没</u>看。
　　⑤买音乐会的票很<u>不</u>容易。
　　⑥弟弟<u>不</u>像哥哥那样坚强。
　　⑦<u>没</u>下雨。

二、教学注意事项

(一)陈述句的语调一般都是降调。汉语的句调和音节的声调不是一回事,音节的声调不受句调的影响。

(二)陈述句可以是主谓句,也可以是非主谓句。

第七节　疑问句

一、基础知识

(一)疑问句是提出问题的句子。

(二)疑问句的结构基本上跟陈述句是一样的,也可以是各种结构类型的句子。书写时,句末用问号。例如:

①你知道明天有比赛吗?
②谁去北海公园?
③你父母的身体怎么样?
④你明天去哪儿?

(三)在陈述句或独语句句末加上表示疑问的语气助词,就构成疑问句。例如:

①A:您是这里的负责人吗?　　——B:是。/不是。
②A:他会说汉语吗?　　　　　——B:会。/不会。
③A:我的公文包呢?　　　　　——B:在这儿。
④A:他们回学校,你呢?　　　——B:回家。

(四)在陈述句的疑问处,用上疑问代词就成了疑问句。例如:

①哪儿最好玩?　　　　　　　(主语)
②您要见谁?　　　　　　　　(宾语)
③这套西服的颜色怎么样?　　(谓语)
④什么节目你最喜欢看?　　　(定语)
⑤这个汉字怎么念?　　　　　(状语)
⑥那几个演员表演得怎么样?　(补语)

(五)疑问句的构成还有其他方式。例如:

①她是不是美术教师?

②你是喝茶还是喝咖啡?

(六)疑问句可分以下几类:

1. 是非问句

就是要求用肯定式或者否定式回答的问句。是非问句包括以下几种格式:

(1)陈述句加上语气助词"吗"。这是最常用的问句形式。例如:

  ①A:您是内科大夫吗? ——B:是。/不是。

  ②A:你最近很忙吗? ——B:很忙。/不很忙。

(2)用疑问语气提问。这类问句加上"吗",意思不变。例如:

  ①A:她一个人去香山了? ——B:是啊。/没有。

(这个问句跟"她一个人去香山了吗?"意思完全相同)

  ②A:老师说过今天全部做完? ——B:说了。/没说。

           或者:是的。/没有。

(这个问句跟"老师说过今天全部做完吗?"意思完全相同)

(3)在陈述句句尾用"好吗"、"是吗"、"行吗"、"可以吗"或者"对吗"等提问。例如:

  ①A:我们一起去,好吗? ——B:好。/我不想去。

  ②A:口语老师说后天口试,对吗? ——B:对。/不对,是明天。

(4)句末用语气助词"吧"提出推测的答案,希望得到证实。例如:

  ①A:她的汉语说得不错吧? ——B:对,很不错。/不对,说得不太好。

  ②A:我这个歌唱砸了吧? ——B:没唱好。/还好,没唱砸。

2. 特指问句

是在想得到答案的位置,用疑问代词提问的句子。

(1)特指问句的语序和陈述句完全一样。例如:

  ①什么掉了?

  ②你喝什么?

  ③谁的手套丢了?

④这是<u>什么东西</u>?
⑤他准备<u>怎么</u>解决这个问题?

(2)特指问句句末不能再加"吗",但是一般可以加"呢",有缓和语气的作用。例如:

①<u>什么</u>掉了呢?
②你喝<u>什么</u>呢?
③<u>谁</u>的手套丢了呢?
④这是<u>什么东西</u>呢?
⑤他准备<u>怎么</u>解决这个问题呢?

(3)还有一种特指问句是在独语句末尾加上"呢",是问"在哪儿"的意思。例如:

①小章呢?　　　　　　　　(小章在哪儿呢?)
②孩子呢?　　　　　　　　(孩子在哪儿呢?)
③字典呢?　　　　　　　　(字典在哪儿呢?)

如果前边已有相应的陈述,后边再用独语句加疑问语气词"呢"提出问题,那么问的就是相应部分。例如:

④他们都买钢笔,你呢?　　　(意思是:你买什么呢?)
⑤大家都不去了,他呢?　　　(意思是:他去还是不去呢?)

3. 正反问句

是用并列谓语动词、形容词或助动词的肯定和否定形式提问的句子。

(1)正反问句一定先说肯定形式,后说否定形式,次序不能颠倒。例如:

①她<u>是不是</u>留学生?　　　×她<u>不是是</u>留学生?
②这位专家<u>能不能</u>来?　　×这位专家<u>不能能</u>来?
③你胃<u>疼不疼</u>?　　　　　×你胃<u>不疼疼</u>?
④昨天她<u>参加没参加</u>排球比赛?　×昨天她<u>没参加参加</u>排球比赛?

(2)正反问句句末不能再加"吗",但是一般可以加"呢"。例如:

①她<u>是不是</u>留学生(呢)?　　×她<u>是不是</u>留学生<u>吗</u>?
②这位专家<u>能不能</u>来(呢)?　×这位专家<u>能不能</u>来<u>吗</u>?
③你胃<u>疼不疼</u>(呢)?　　　　×你胃<u>疼不疼</u><u>吗</u>?

④她参加没参加排球比赛(呢)？×她参加没参加排球比赛吗？

(3)用"是不是"的正反问句，"是不是"可以放在陈述句的句首、谓语前边或句尾，表示建议或得到进一步证实。例如：

①是不是你中午喝酒了？

②你是不是中午喝酒了？

③你中午喝酒了，是不是？

用在句尾，多表示想得到进一步证实。例如：

④上月你到外地出差了，是不是？

表示建议时，"是不是"一般不放在句尾。例如：

⑤我们是不是去植物园赏菊花？

⑥是不是由他负责这项工作比较好？

4. 选择问句

是用连词"(还)是……，还是……"分别连接两项或两项以上情况提问，希望对方选择其中一项作为回答的问句。例如：

①你(还)是去购物，还是在房间里看书？

②你(还)是这星期交毕业论文，还是下星期交？

(1)选择问句的第一个"还是"经常省略成"是"，甚至完全省略。例如：

①师傅说(是)这种机器好，还是那种机器好？

②(是)今天去，还是明天去，还是后天去？

有三个或三个以上的选项时，可以用两个或两个以上的"还是"连接。如果不是每个选项前边都用"还是"，至少最后的选项前边一定要用"还是"。例如：

③我们(是)今天去，(是)明天去，还是后天去呢？

(2)选择问句句末不能再加"吗"，但是一般可以加"呢"，而且可以在每项末尾都用"呢"。例如：

①你(是)去购物呢，还是在房间里休息呢？

②他们(是)想去动物园(呢)，(是)想去天文馆(呢)，还是想去颐和园(呢)？

5. 反问句

是用疑问的语气和形式表示反驳或强调的问句,说话人并不要求对方回答。

(1)反问句的特点是,肯定的形式强调否定的意思,而否定的形式则强调肯定的意思。例如:

①你怎么又想参加了?　　　(强调"原先你是不想参加的")

②谁说他不去?　　　　　　(肯定"他去")

(2)常用的两种反问句的格式是:

A. 主语＋哪儿/怎么……啊? 例如:

①我<u>哪儿</u>知道<u>啊</u>?　　　(强调"我不知道",没人告诉我)

②她<u>怎么</u>不知道<u>啊</u>?　　(强调"她知道",比如是我告诉她的)

B. 不是……吗?

"不是"可以在主语后边,也可以在主语前边。

格式之一是:主语＋不是……吗? 例如:

①我<u>不是</u>告诉你了<u>吗</u>?　　(强调"你应该知道")

②她<u>不是</u>给你票了<u>吗</u>?　　(强调"票应该在你那儿")

格式之二是:不是＋主语……吗? 例如:

①<u>不是</u>她告诉你的<u>吗</u>?　　(强调"就是她告诉你的,你应该知道")

②<u>不是</u>学校已经决定了<u>吗</u>?(强调"不能改变,只能这样了")

二、教学注意事项

(一)疑问句的词序跟陈述句完全一样,而不是把动词或疑问代词放在句首。例如:

①他是法官吗?　　　　　×是他法官吗?

②你羡慕他的成就吗?　　是你羡慕他的成就吗?(意思变了)

③你去哪儿?　　　　　　×哪儿你去?

④你找谁?　　　　　　　×谁被你找?

(二)除了用"吗"的是非问句以外,特指问句、正反问句、选择问句都不

能在句末加"吗"。例如:

　　①你看什么书?　　　　　×你看什么书吗?

　　②你听不听音乐会?　　　×你听不听音乐会吗?

　　③你听京剧还是听越剧?　×你听京剧还是听越剧吗?

(三)除了用"吗"的是非问句以外,特指问句、正反问句、选择问句都可以在句末加"呢"。例如:

　　①你找谁(呢)?

　　②你看不看话剧(呢)?

　　③你喝红茶,还是喝绿茶(呢)?

　　④你喝红茶呢,还是喝绿茶(呢)?

(四)正反问句中,谓语前边不能用程度副词作状语。例如:

　　①那位内科医生好不好?　　×那位内科医生很好不很好?

　　②你喜欢不喜欢那幅山水画?×你非常喜欢不喜欢那幅山水画?

如果谓语前边有助动词,用正反问句时,要并列助动词的肯定式和否定式,而不是并列谓语的肯定式和否定式。例如:

　　①你能不能帮我一个忙?　　×你能帮不帮我一个忙?

　　②他会不会给你发短信?　　×他会给你发不发短信?

　　　　　　　　　　　　　　　×他会给不给你发短信?

(五)选择问句中使用的连词"还是",也可以出现在陈述句里,表示不确定。例如:

　　①我不知道他来还是不来。

　　②他没想好看京剧还是看话剧。

(六)用"哪儿/怎么……啊"的反问句中,重音在"哪儿/怎么"上;用"不是……吗"的反问句中,重音则在"不是"后边的词语上。

(七)用"不是……吗"反问,是对已知的情况是否属实产生怀疑。例如:

　　①你不是到外地出差了吗?　(怎么又来上班了?)

　　②他不是已经结婚了吗?　　(怎么又要举行婚礼?)

第八节　祈使句

一、基础知识

(一)祈使句是表示请求、劝告、商量、催促、命令等的句子。

(二)祈使句往往不出现主语,也可以说是无主句或省略句。例如:

① (我们)快走,(时间)来不及了。

② (她)现在还没来,(我们)不等了。

(三)祈使句常常在句首用"请"字。例如:

请进,请坐。(意思是:我请你进来,我请你坐。)

(结构是:兼语结构,主语和"请"的宾语都省略了。)

(四)在语言环境清楚的时候,对方不会误会主语是谁。例如:

走吧。(可能是"我们走吧"或"咱们走吧";也可能是"你(们)走吧"或"他(们)走吧"。)

(五)否定式常在谓语动词前边用"别"、"不要"等。如果用"请","请"还应该在句首。例如:

① <u>别</u>吸烟。　　　　　　　　("不吸烟。"就是陈述句)

② <u>请别</u>吸烟。

　×别请吸烟。　　　　　　[意思变了,是"不要请(别人)吸烟"]

③ <u>不要</u>大声喧哗。　　　　　("不大声喧哗。"是陈述句)

④ <u>请不要</u>大声喧哗。

　×不要请大声喧哗。

二、教学注意事项

(一)祈使句里,"请"字都用在句首,而不用在句末。

(二)只有独语句中才单独用"请"。例如:

① 请坐。　　　　　　　　×坐请。

②请这边走。　　　　　　×这边走请。
　　这边走,请。　　　　　("请"前应有停顿)
③请大家安静。　　　　　×大家安静请。

第九节　感叹句

一、基础知识

(一)感叹句是表示赞美、喜爱、惊讶、厌恶等感情的句子,句末要用惊叹号。

(二)感叹句常用的两种格式是:

1. 主语＋真/多(么)……啊! 例如:

　　①这里真安静啊!
　　②你真潇洒啊!
　　③这座大楼多(么)高啊!
　　④他的行为多(么)恶劣啊!

2. 主语＋太……了! 例如:

　　①她太紧张了!
　　②这个演员演得太精彩了!
　　③这部电影真太可怕了!

二、教学注意事项

(一)感叹句中已经有了副词"多(么)、太",所以不能再用表示程度的副词"很、非常、十分、相当"等。例如:

①他们多(么)累啊!　　　×他们多(么)十分累啊!
②这里太好了!　　　　　×这里太非常好了!

(二)感叹句一般是降调。

【单句教学注意事项】

一、关于单句的教学——一般是遇到什么句子教什么句子。

句子是表达思想的基本单位。句子可以从不同角度分出若干种类。从谓语的不同成分可以分出四种谓语句：动词谓语句、形容词谓语句、名词谓语句、主谓谓语句。从句子的功能来分，有陈述句、疑问句、祈使句、感叹句四类句子。

二、怎么教呢？在进行句子成分教学的同时，也就进行了句子教学。句子也要一类一类地教，目的是训练学生正确使用汉语进行交际。训练的方法和训练句子成分基本相同：

1. 在训练听、说的基础上，进行读、写的训练。
2. 用学过的词语做替换句子成分的练习。
3. 同类的句子经过替换训练之后，进行句子成分分析，并告诉学生：这是某类句子。

练 习

1. 单句分几大类？单部句又分几大类？
2. 从句子的谓语部分的构成来划分，汉语句子可以分成哪四种谓语句？汉语里，哪种谓语句最多？
3. 动词谓语句中的谓语动词可以有几个宾语？请举例说明。
4. 否定谓语动词，什么时候用"不"，什么时候用"没(有)"？
5. 汉语里，形容词谓语句的主要特点是什么？主语和谓语形容词之间需要用什么词语吗？
6. 谓语形容词前边有"很"和没"很"有什么区别吗？
7. 名词可以直接作谓语吗？如果在主语和谓语名词之间加上"是"，还是名词谓语句吗？它的否定式呢？
8. 名词可以受副词修饰吗？请举例说明。
9. 主谓词组也能作谓语吗？主语和主谓词组之间需要用什么词语吗？如果加了"是"，表示什么意思？
10. 如果根据句子的功能来划分，可以分成哪四种类型的句子？
11. 陈述句要变成疑问句，可以有哪些方法？

12. 如果用疑问代词提问，句子的语序跟陈述句有什么不同？

13. 句末加"吗"和句末加"呢"的疑问句有什么异同？

14. 句末用"吧"的疑问句，有什么特别的意思吗？

15. 除了是非问句和特指问句以外，还有哪几种疑问句？请举例说明。

16. 主谓句和非主谓句有什么不同？

17. 举例说明非主谓句的种类和特点。

18. 什么是祈使句？什么是感叹句？

19. 你准备怎么教《汉语教程》（修订本）第一册（上）第十四课的主谓谓语句和选择问句？请写出来。

第五章　动作的状态

一、动作的状态指的是动作处在进行、持续、完成、经历还是变化等情况。

二、常见的动作状态有以下五种：

（一）进行态。动作的进行态常常用"正在……（呢）"表示。例如：

　　他正在看书（呢）。

（二）持续态。动作的持续态用动态助词"着（zhe）"表示。例如：

　　大门关着。

（三）完成态。动作的完成态用动态助词"了（le）"表示。例如：

　　我听了一遍。

（四）变化态。动作的变化态用语气助词"了（le）"表示。例如：

　　春节快要到了。

（五）经历态。动作的经历态用动态助词"过（guo）"表示。例如：

　　我听说过这个故事。

第一节　进行态

一、基础知识

（一）进行态指动作处在进行的状态。

（二）动作进行的状态，可以由"正在……呢"的几种形式表现。这几种形式是：

    1. 正在……呢

    2. 正在……

    3. 在……呢

    4. 在……

    5. 正……呢

    6. 正……

    7. ……呢

（三）上面七种形式里的"……"都应该放进谓语动词、动宾词组或偏正词组。例如：

    ①开幕式正在进行呢。

    ②运动员正在接受训练。

    ③她在游泳呢。

    ④我们在研究一个学术问题。

    ⑤领导正开会呢。

    ⑥我们正一块儿座谈呢。

    ⑦我看电视呢。

（四）进行态的时间不一定是在说话的时候，也可以发生在过去、现在或将来。例如：

    ①昨天上午我在上网查资料。　　　　　　　　　　　（过去）

    ②张主任正在打电话。　　　　　　　　　　　　　　（现在）

    ③明天你去他家的时候，他一定在玩儿电脑游戏呢。　（将来）

（五）进行态的否定形式，是在"在"前用否定副词"没（有）"。"在"也可以不说。例如：

    ①她没（有）（在）滑冰。

    ②我没（有）（在）洗衣服。

二、教学注意事项

（一）进行态中的副词"正"着重表示某时间正在进行的动作；副词"在"

则着重表示处于进行状态；"正在"既表示时间又表示状态。

（二）进行态的否定式，谓语动词前边用了"没（有）"，就不能再用副词"正"和助词"呢"。例如：

　　　　运动员没（有）在接受训练。　　×运动员没（有）正在接受训练（呢）。

（三）进行态中的动词不能重叠。例如：

　　　　①我在整理笔记呢。　　　　×我在整理整理笔记呢。

　　　　②大夫正在给病人检查。　　×大夫正在给病人检查检查。

（四）回答"你做什么呢？"等进行态的问题时，只要说出表示具体动作的动词或词组，而不能重复用"做"。例如：

　　　　①A：你做什么呢？

　　　　　B：我听音乐呢。　　　　×我做听音乐呢。

　　　　②A：他们在做什么？

　　　　　B：他们在跳舞。　　　　×他们在做跳舞。

　　　　③A：她正在做什么？

　　　　　B：她正在做衣服。　　　×她正在做做衣服。

第二节　持续态

一、基础知识

（一）持续态指动作处于持续的状态。

（二）动作的持续状态是在动词后边用动态助词"着（zhe）"来表示。

（三）持续态一般可以分成两种情况：

1. 动作的持续：主语＋谓语动词＋着（zhe）（＋宾语）。例如：

　　　　①窗户开着。

　　　　②那份合同在桌子上放着。

　　　　③她戴着一副老花镜。

2. 动作结果的持续：主语或处所词语＋谓语动词＋着（zhe）（＋宾语）。例如：

①窗台上摆着一盆玫瑰花。

②这本书里夹着几个纸条。

③这个书柜里放着很多词典。

这种持续态是存现句的一种,后边还要谈到。

(四)如果有宾语,动态助词"着"要放在动词和宾语之间,而绝不能放在宾语后边。例如:

①他开着窗户呢。　　　　×他开窗户着呢。

②我戴着手镯。　　　　　×我戴手镯着。

(五)持续态发生的时间可以是现在、过去或将来。例如:

①她现在讲着课呢。　　　(现在)

②去年窗户上贴着一张剪纸。　(过去)

③明天,我一定会笑着离开。　(将来)

(六)持续态常和进行态结合在一起用,进行态在持续态前边。例如:

①教练们正在开着会。　　×教练们开着会正在。

　　　　　　　　　　　　×教练们开着正在会。

②你来的时候,我正看着一本历史小说呢。

　×你来的时候,我看着一本历史小说正呢。

　×你来的时候,我看着正一本历史小说呢。

(七)持续态的否定形式是在谓语动词前边用"没(有)",而且一定要保留"着"。如果取消"着",就没有持续态,意思和语气都变了。例如:

①窗台上没(有)放着花瓶。

②报纸上没(有)登着他们的消息。

如果是假设的情况,可以用"不"否定持续态。例如:

③(如果)你不带着有效证件,门卫就不会让你进去。

④报上(假如)不登着这个消息,就不会引起这么大的反响。

二、教学注意事项

(一)持续态不能跟动态助词"了"同时用。例如:

①窗户关着。　　　　　×窗户关着了。

②我看着画报呢。　　　　　×我看着了画报呢。
　　　　　　　　　　　　　×我看着画报了呢。

(二)持续态常用在其他动词前边作状语,表示后边动作的方式。例如:
①我们喝着茶讨论问题。
②他们听着音乐下棋。

第三节　完成态

一、基础知识

(一)完成态指动作处于完成状态。

(二)动作完成的状态,可以在谓语动词后边用动态助词"了(le)"来表示。例如:
①他睡了。
②她发了一封电子邮件。

加上"了",表示"睡"和"发(邮件)"的动作已经完成。

完成态也常用"已经……了"表示。例如:
③他已经睡了。
④我已经通知他了。
⑤他已经看了关于地震的报道文章了。

(三)如果有宾语,动态助词"了"要放在动词和宾语之间;在句末有"了"的时候,谓语动词后边也可以不用"了"。例如:
①我看了今天的电视新闻。　　我看(了)今天的电视新闻了。
②她买了笔记本电脑。　　　　她买(了)笔记本电脑了。

(四)完成态的否定形式,也是在谓语动词前边用"没(有)",但是不能再用动态助词"了(le)"。例如:
①她没来。　　　　　　　　×她没来了。
　　　　　　　　　　　　　×她已经没来。
　　　　　　　　　　　　　×她没已经来。

②我没看电视节目。　　　　　　×我没看电视节目了。
　　　　　　　　　　　　　　　　×我没看了电视节目。

(五)完成态可以发生在过去、现在或将来。例如：
　　①昨天她已经看了那篇文章了。（过去）
　　②我看了今天的报了。　　　　（现在）
　　③我吃了饭(以后)就去你那儿。（将来，说话时还没吃饭）

(六)完成态可以用"……了没有"构成一种正反问句。例如：
　　①你吃了没有？
　　②你吃(了)早饭了没有？
　　③你吃了早饭没有？

二、教学注意事项

(一)完成态和宾语

1. 如果有宾语，宾语前边常带数量词组或其他定语。例如：
　　①她喝了一杯葡萄酒。
　　②她付了买书的钱。

2. 如果宾语前边有定语，谓语动词后边一定要用"了"，句末的"了"可以省略。例如：
　　①我喝了一杯咖啡(了)。
　　②她吃了一顿丰盛的午餐(了)。（强调完成）

3. 如果宾语前边没有定语，常在句末用语气助词"了"。如果不强调已经完成了，动词后边的动态助词"了"可以省略。
　　①我喝(了)咖啡了。
　　　我喝了咖啡了。　　　　　　（强调完成）
　　②她吃(了)午饭了。
　　　她吃了午饭了。　　　　　　（强调完成）

4. 如果宾语前边没有定语，句末又没有"了"，说明句子没说完，后边还有话。例如：
　　①我喝了一杯咖啡。

我喝了咖啡(以后)就去备课。
　②她吃了一顿丰盛的午饭(了)。
　　她吃了午饭(以后)休息了一会儿。
　③明天我就吃简单的早饭。
　　明天我吃了早饭(以后)就去你那儿。

(二)其他表示动作完成的方法举例

1. 带状态补语的动词一般都表示已完成的动作,谓语动词后边不能再加"了"。但是句末可以加语气助词"了",表示这个结果已经达到。例如:
　①他解释得很清楚。　　　　×他解释了得很清楚。
　　他解释得很清楚了。
　②我评判得很公平。　　　　×我评判了得很公平。
　　我评判得很公平了。

2. 宾语在趋向补语后边时,表示动作已经完成。如果还要强调动作完成,还可以在趋向补语后边用"了"。例如:
　①我送去(了)两份文件。
　②父亲带回来(了)一个惊人的好消息。

第四节　变化态

一、基础知识

(一)变化态指动作处于变化状态。

(二)表示已经变化时,可在谓语后边加"了"。例如:
　①饭熟了。　　　　　　　(由不熟变熟了)
　②车子来了。　　　　　　(由没来变来了)
　③花儿红了。　　　　　　(由不红变红了)
　④房子盖好了。　　　　　(由没盖好变成盖好了)

(三)动作变化的状态,如果是表示将来时间发生,常由"要……了"的以下几种形式表示:

1. 要……了

2. 将要……了

3. 快(要)……了

4. 就要……了

(四)上面四种形式里的"……"都应该放上谓语动词、动宾词组或偏正词组。这里的"了"是语气助词,只用在句末。例如:

①暑假要到了。　　　　　　　　(动词)

②他们俩将要举行婚礼了。　　　(动宾词组)

③下周末我要和她一起去旅游了。(偏正词组)

④她下月初就要毕业了。　　　　(动词)

(五)如果有具体的时间词语,一般都要用"就要……了"。例如:

①下个月暑假就要到了。

②他们兄弟俩下星期就要去英国了。

③我明年就要大学毕业了。

二、教学注意事项

(一)如果有具体的时间词语,就不能用"快(要)……了"。例如:

①暑假快要到了。　　　　　×下个月暑假快(要)到了。

②他们兄弟俩快去英国了。　×他们兄弟俩下星期快去英国了。

③我快参加工作了。　　　　×我明年快参加工作了。

(二)变化态也可以发生在过去时间,但是动词后边不用语气助词"了"。例如:

①他快要毕业的时候,找到了一份理想的工作。

　×他快要毕业了的时候,找到了一份理想的工作。

②我就要参加工作的时候,忽然生了一场大病。

　×我就要参加工作了的时候,忽然生了一场大病。

　×我就要参加了工作的时候,忽然生了一场大病。

(三)"将要……了"常用于书面语,往往不用"了"。例如:

①明年将要在中国举行奥运会(了)。

②他将要出席奥斯卡颁奖典礼(了)。

第五节　经历态

一、基础知识

(一)经历态指曾经发生过,有过某种经历的状态。

(二)动作经历的状态,常在谓语动词后边用动态助词"过(guo)"表示。例如:

①这种台湾水果我们都吃过。
②我去过澳大利亚。
③他二十年前当过这所小学的校长。
④她得过奥运会的冠军。

经历态也常用"曾经……过"表示。例如:

⑤他曾经来过中国。
⑥我曾经写过一篇关于汉语拼音的文章。

(三)如果有宾语,动态助词"过"要放在动词和宾语之间,而绝不能放在宾语后边。例如:

①我来过这个城市。　　　×我来这个城市过。
②你喝过这种饮料吗?　　×你喝这种饮料过吗?

(四)经历态的否定形式,是在谓语动词前边加"没(有)",保留"过",不能用"不"。例如:

①我没(有)吃过这种鱼。　　×我不吃过这种鱼。
②她没(有)学过汉语拼音。　　×她不学过汉语拼音。

(五)经历态可以用"曾经……过(宾语)没有"构成一种正反问句。例如:

①你吃过(这种水果)没有?
②她曾经去过(上海)没有?

二、教学注意事项

（一）如果谓语动词带结果补语，动态助词"过"要放在结果补语后边，而不能放在动词和结果补语之间。例如：

①我在商场看见过这种衣服。　　×我在商场看过见这种衣服。

②上次考试他答错过这道题。　　×上次考试他答过错这道题。

（二）如果谓语动词前边有介宾词组，否定式要把"没"放在介宾词组前边。如果把"没"放在介宾词组和谓语动词之间，意思就变了。例如：

①她没在北京语言大学学过汉语。

（可能在别处学过汉语，但是没在北京语言大学学过）

②她在北京语言大学没学过汉语。

（她在北京语言大学学习过，但没学过汉语，可能学过别的语种或专业）

【动作的状态教学注意事项】

一、关于动作的状态的教学——一般是遇到什么教什么。

动作的状态是表达思想的重要方面。本书把动作状态列出五种：进行态、持续态、完成态、变化态和经历态。

二、怎么教呢？在进行句子教学的同时，也就进行了动作的状态的教学。训练的方法如下：

1. 按照每种动作的状态的特点进行听、说训练，接着就进行读、写的训练。

2. 用学过的词语做替换句子成分的练习。

3. 各种动作状态经过替换训练之后，告诉学生：动作处于某种状态。

练 习

1. 用动态助词"了(le)"、"着(zhe)"、"过(guo)"表示的动作状态一共有几种？请举例说明。

2. 进行态和持续态可以用在一个句子里吗？哪个在前，哪个在后？请举两个例子说明一下。

3. 持续态的时间有现在、过去、将来的限制吗？请举例说明。

4. 持续态的否定式，除了加否定词以外，还要注意什么？请举两个例子。

5. 完成态和变化态都要用"了"，它们之间有什么不同？请举例说明。

6. 完成态的否定式，除了加否定词以外，还要注意什么？请举两个例子。

7. 经历态的特点是什么？动态助词"过"应该放在哪儿？

8. 经历态的否定式，除了加否定词以外，还要注意什么？请举两个例子。

9. 你准备怎么教《汉语教程》（修订本）第一册（下）第十七课的"动作的进行"？请写出来。

第六章　特殊句式

汉语里,动词谓语句的形式很多,其中有很多特殊的格式,这些特殊的格式都各有特点。需要逐一介绍的有:

一、"是"字句:用动词"是"作谓语的句子。例如:
　　①我是中国人。
　　②牡丹是我们市的市花。

二、"有"字句:用动词"有"作谓语的句子。例如:
　　①他有哥哥。
　　②一年有三百六十五天。

三、连动句:谓语中不只有一个动词的句子。例如:
　　①我去超市购物。
　　②我们坐旅游车参观市容。

四、兼语句:前边谓语动词的宾语同时又是后边谓语动词的主语的句子。例如:
　　①他请你们看京戏。
　　②王老师有一个儿子是博士研究生。

五、"把"字句:在谓语动词前边有介词"把"和"把"字的宾语的句子。例如:
　　①我把桌子上的姜汤喝了。
　　②张文把书架上的书整理好了。

六、被动句:在谓语动词前边用介词词组表示被动的句子。例如:
　　①他被坏人骗了。
　　②我的自行车让朋友骑走了。

七、存现句：句首是表示时间、处所的词语，谓语动词是表示存在、出现或消失等的句子。例如：

①客厅里摆着几盆花。

②昨天我家来了两位稀客。

第一节 "是"字句

一、基础知识

(一)用"是"作谓语动词，表示判断、存在、等同、类别等的句子，就是"是"字句。例如：

①我是教师。　　　　　　　(判断)

②我家旁边是一个大商场。　(存在)

③十的五分之一是二。　　　(等同)

④她的裙子是深灰的。　　　(类别)

(二)谓语动词"是"的否定形式，只能是"不是"，而不能说"是不"。例如：

①那位专家不是北京人。　　×那位专家是不北京人。

②邮局对面不是银行。　　　×邮局对面是不银行。

③这本杂志不是我的。　　　×这本杂志是不我的。

(三)很多词类和词组都可以充当"是"字句的主语。例如：

①老板是外地人。　　　　　(名词)

②她是本地人。　　　　　　(代词)

③笑是一种健身的方法。　　(动词)

④安静是很重要的。　　　　(形容词)

⑤九是三的倍数。　　　　　(数词)

⑥一刻钟是十五分钟。　　　(数量词组)

⑦钢笔、铅笔都是书写工具。(联合词组)

⑧唱京剧是他的业余爱好。　(动宾词组)

⑨吃得慢是她的特点。　　　(补充词组)

⑩他们两个是正副主任。　　　　　（同位词组）
⑪站着的是他的哥哥。　　　　　　（"的"字词组）
⑫你当总经理是董事会决定的。（主谓词组）
⑬我左边是汪达。　　　　　　　　（方位词组）

(四)很多词类和词组都可以充当谓语动词"是"的宾语。例如：
①他是经理。　　　　　　　　　　　（名词）
②常用的否定副词是"不"。　　　　　（副词）
③我们的语法老师是她。　　　　　　（代词）
④跳舞也是锻炼。　　　　　　　　　（动词）
⑤这里的优点就是幽雅。　　　　　　（形容词）
⑥五的三倍是十五。　　　　　　　　（数词）
⑦我喜欢的体育项目是跳水。　　　　（动宾词组）
⑧他参加的比赛项目是跳高和跳远。　（联合词组）
⑨来采访的是这位记者。　　　　　　（偏正词组）
⑩他唱的是京剧《借东风》。　　　　（同位词组）
⑪领导布置的工作是我今天写完这篇总结。（主谓词组）

二、教学注意事项

(一)动词"是"在任何情况下形式都是不变的，不受单数复数(数量)、动作状态和过去、现在、将来(时间)的影响。

(二)动词"是"的否定形式不能说成"是不"。但是，"是不"在口语里可以表示"是不是"的意思。例如：
①你的腿完全好了，是不？
②明天有客人来，是不？

(三)"是"字句的正反问句，基本格式是：
1. 主语—是—不是—宾语？
　　他是不是博士生导师？
2. 主语—是—宾语—不是？
　　你是在职研究生不是？

第二节 "有"字句

一、基础知识

(一)用"有"作谓语动词,表示领有、存在、包含、列举等的句子,就是"有"字句。例如：

① 我<u>有</u>三本汉英词典。　　　　　　　　　　(领有)
② 这座楼房前边<u>有</u>一条小溪。　　　　　　　(存在)
③ 一天<u>有</u>二十四小时。　　　　　　　　　　(包含)
④ 这些书<u>有</u>历史的、地理的、政治的、经济的。(列举)

(二)谓语动词"有"的否定形式只能是"没有",在句中时可以只说"没",不能用"不有"或"有没"。例如：

① 他<u>没</u>(有)这样的弟弟。　　×他不有这样的弟弟。
　　　　　　　　　　　　　　×他有没这样的弟弟。
② 二月<u>没</u>(有)三十天。　　　×二月不有三十天。
　　　　　　　　　　　　　　×二月有没三十天。
③ 这个公园里<u>没</u>(有)牡丹、茉莉、荷花。
　　　　　　　　　　×这个公园里不有牡丹、茉莉、荷花。
　　　　　　　　　　×这个公园里有没牡丹、茉莉、荷花。

(三)很多词类和词组可以充当"有"字句的主语。例如：

① <u>教师</u>应该有教师的素质。　　　　　　(名词)
② <u>他</u>有做不完的工作。　　　　　　　　(代词)
③ <u>锻炼</u>有很多途径。　　　　　　　　　(动词)
④ <u>小王和小李</u>都有一辆福特汽车。　　　(联合词组)
⑤ <u>刘老师的家</u>在学校旁边。　　　　　　(偏正词组)
⑥ <u>一公里</u>有一千米。　　　　　　　　　(数量词组)
⑦ <u>博物馆里</u>有不少参观的学生。　　　　(方位词组)
⑧ <u>他们俩</u>有一个幸福的家庭。　　　　　(同位词组)
⑨ <u>参加射击比赛的</u>有我的同学。　　　　("的"字词组)

⑩喝咖啡有很多讲究。　　　　　　　　　　（动宾词组）

(四)很多词类和词组可以充当谓语动词"有"的宾语。例如：
①我有日记。　　　　　　　　　　　　　　（名词）
②表扬名单里有他。　　　　　　　　　　　（代词）
③合唱的演员有三十几个。　　　　　　　　（数量词组）
④她们喜欢的歌有《同一首歌》和《难忘今宵》。（联合词组）
⑤那些花瓶里有清代的。　　　　　　　　　（"的"字词组）
⑥这本书里有她的文章。　　　　　　　　　（偏正词组）
⑦活动项目里有划船。　　　　　　　　　　（动宾词组）

二、教学注意事项

(一)动词"有"在任何情况下形式都是不变的,不受单数复数(数量)、动作状态和过去、现在、将来(时间)的影响。

(二)"有"字句的正反问句基本格式是：

1. 主语—有—没有—宾语？例如：

你有没有绘画方面的参考书？

2. 主语—有—宾语—没有？例如：

他有这个工作的经验没有？

(三)表示存在的动词"是"、"有"和"在"

1. 用动词"是/有"表示存在的常用格式是：

　　　　（主语）——（谓语动词）——（宾语）

表示方位的词或词组—"是/有"—表示处所、人或事物的词或词组

例如：

①里边有阅报室。　　　　（里边除阅报室外可能还有别的房间）
　里边是阅报室。　　　　（里边可能只有一个阅报室）
　×里边在阅报室。

②楼下有超市。　　　　　（楼下还有别的单位）
　楼下是超市。　　　　　（楼下就是超市）
　×楼下在超市。

③（这张相片里，）左边有爷爷。（左边有好几个人，里边有爷爷）

　（这张相片里，）左边是爷爷。（左边可能只有一个人，就是爷爷）

　×（这张相片里，）左边在爷爷。

这种句子的谓语动词"是/有"都不能换成"在"。

2. 用动词"在"表示存在的常用格式是：

（主语）——（谓语动词）——（宾语）

表示处所、人或事物的词或词组—"在"—表示方位的词或词组

例如：

①阅报室在里边。

②超市在楼下。

③（这张相片里，）爷爷在左边。

这种句子的谓语动词"在"都不能换成"是/有"。

第三节　连动句

一、基础知识

(一)谓语中有两个或两个以上动词，一个动词或词组表示另一个动词或词组的目的、方式等的句子，就叫连动句。例如：

①我去旅游。（"去"的目的是"旅游"）

②我坐飞机去旅游。（"坐飞机"是"去旅游"的手段）

(二)谓语动词可以都带宾语，也可以都不带宾语，还可以有的谓语动词带宾语，有的不带。例如：

主语	谓语动词1	宾语1	谓语动词2	宾语2
我	去		锻炼。	
我	去	体育馆	锻炼。	
我	去		看	朋友。
我	去	超市	买	东西。

(三)有些连动句中,后边的谓语动词表示前边谓语动词的目的。例如:

  ①他来参加婚礼。   ("参加婚礼"是"来"的目的)
  ②我去美术馆参观画展。 ("参观画展"是"去美术馆"的目的)

(四)有些连动句中,前边的谓语动词表示后边谓语动词的方法、手段。例如:

  ①我们都用右手拿筷子。 ("用右手"是"拿筷子"的方法)
  ②我们骑自行车去春游。 ("骑自行车"是"去春游"的手段)

(五)有些连动句中,前边谓语动词的宾语也是后边谓语动词意义上的对象。例如:

  ①父亲倒酒喝。   (倒的是酒,喝的也是酒)
  ②我买画报看。   (买的是画报,看的也是画报)

(六)有的连动句中,前边的谓语动词是"有","有"后边一定带宾语;后边的谓语动词常常是补充说明"有"的宾语的用途的。例如:

  ①我有时间去你那儿。 (有去你那儿的时间)
  ②他有机会表演节目。 (有表演节目的机会)

(七)如果要表示连动句中的动作已完成,动态助词"了"要放在后边动词的后边,或者放在句末,而不能放在前边动词的后边。例如:

  ①父亲倒酒喝了。   ×父亲倒了酒喝。
  ②我去美术馆参观了画展。
   我去美术馆参观画展了。 ×我去了美术馆参观画展。

(八)连动句的否定形式,一般都是在前边谓语动词的前边用"不"或"没(有)",而不能放在后边动词的前边。例如:

  ①我下午不去打球。   ×我下午去不打球。
  ②她怎么不来报名?   ×她怎么来不报名?
  ③我没(有)去旅游。   ×我去没(有)旅游。
  ④我没去美术馆参观画展。 ×我去美术馆没参观画展。
  ⑤现在没(有)人按门铃。 ×现在有人没按门铃。
  ⑥我没(有)哥哥在银行工作。×我有哥哥没在银行工作。

二、教学注意事项

(一)连动句中的谓语动词的前后次序不能弄乱,不然,结构或意思就变了,或者就不成话了。例如:

①我去旅游。

——我旅游去。　　　　　("去"变成了趋向补语)

②我坐飞机去旅游。

——我去旅游坐飞机。　(似乎"坐飞机"是旅游的目的)

③父亲倒酒喝。

——×父亲喝倒酒。　　　(不成话)

(二)连动句的正反疑问形式,是并列前边动词的肯定式和否定式。例如:

①你去不去美术馆参观画展?

②他有没有时间去跳舞?

有时也可以并列后边动词的肯定式和否定式,但是意思不同了。例如:

③你去美术馆参观不参观画展?

(意思是:去美术馆不只可以参观画展,还可以办别的事)

④你有时间去不去跳舞?

(意思是:如果有时间,你去不去跳舞?)

(三)连动句和动词性联合词组作谓语的句子的主要区别:

1. 连动句中谓语动词的先后次序是固定的,而动词性联合词组可以调换先后位置。例如:

①我去超市购物。　　　　(连动句)

②我们看画报听音乐。

——我们听音乐看画报。　(联合词组作谓语)

2. 动词性联合词组可以加用关联词,动词之间可以停顿,而连动句都不行。例如:

我们又看画报,又听音乐。

×我又去超市,又购物。

第四节　兼语句

一、基础知识

（一）句子的谓语中前边的动词一般都要带宾语，而且这个宾语也是后边谓语动词的主语，这种既是宾语又是主语的词语就叫兼语，这样的句子就叫兼语句。例如：

经理请你过去一下。（经理请你，你过去一下。）

（"你"是"请"的宾语，也是"过去"的主语，"你"是兼语。）

（二）兼语句的第一个谓语动词常常是表示请求、使令等意义的，如"请、让、叫、命令、禁止"等。例如：

主语	谓语动词1	兼语（动词1的宾语，动词2的主语）	谓语动词2	宾语2
他	让	你	来	。
我	请	你们	吃	饭。
她	有	朋友	在	上海。
学校	动员	大家	来参加	游泳比赛。

（三）兼语句的兼语后边也可以是形容词。这种兼语句的谓语动词常常由"有"和"使、令、让、叫"等来充当。例如：

主语	谓语动词	兼语	状语	谓语形容词	补语
他	有	一个儿子	很	可爱	。
这个通知	让	大家	有点儿	奇怪	。
这个消息	让	我们		兴奋	极了。

（四）有的兼语句没有主语，也叫无主兼语句。例如：

①有人在唱歌。

②外边有人找你。

③是他给你发电子邮件呢。

④祝你快乐。

(五)兼语句的否定形式,也是用副词"不"或"没(有)"。否定副词的位置要根据具体情况来定。否定兼语后的动词时,常表示命令、祈使、嘱咐等,多用"不要"、"别"。例如:

①她不请人帮忙。

②我没让他来这里。

③他不鼓励我们探险。

④我没叫他买点心。

⑤她没有很多朋友喜欢游泳。

⑥她请大家别再争论了。

⑦我让他不要去酒楼。

⑧他劝说大家不要冒险。

⑨我叫弟弟别去他家。

⑩他有朋友不喜欢游泳。

(六)兼语结构和连动结构常常结合在一个句子中,可以先用兼语结构后用连动结构,也可以先用连动结构后用兼语结构。例如:

①他请我去看京剧。

②我们支持你去杭州参加比赛。

③同学们都去教授家邀请教授参加晚宴了。

④她来我的办公室叫我接待客人。

二、教学注意事项

(一)无主语兼语句及其否定式

1. 第一个谓语动词是"是"或"有"构成的兼语句,句首可以有时间或方位词语作的状语。这样的句子还是无主语兼语句。例如:

①昨天是他给我打了电话。 ("昨天"是时间状语)

②门外有个朋友在等我。　　（"门外"是处所状语）

2. 用动词"请"、"禁止"等打头的兼语句，也属于无主语兼语句；而且"请"、"禁止"后边常没有宾语，也就是省略了兼语。例如：

①请坐。　　　　　　　　（我请你们坐。）

②请喝咖啡。　　　　　　（我请你们喝咖啡。）

③禁止吸烟。　　　　　　（禁止任何人吸烟。）

④禁止喧哗。　　　　　　（禁止任何人喧哗。）

3. 无主语兼语句的否定式，可以用"不"、"不要"、"别"、"没（有）"等，位置根据否定的要求而定。例如：

①<u>不</u>是他给我打电话。

是他<u>不</u>给我打电话。

是他<u>没</u>给我打电话。

②<u>没</u>有人在唱歌。

③请<u>不要</u>在这里停车。

在这里请<u>不要</u>停车。

（二）连动词组和兼语词组可以结合使用。

1. 连动词组＋兼语词组。例如：

①她去邀请老师参加他们班的聚会了。

②我们来请您给我们讲课。

2. 兼语词组＋连动词组。例如：

①我请他来我家吃饭。

②他们让我去博物馆参观展览。

（三）兼语句和主谓词组作宾语的句子的主要区别：

1. 谓语动词不同。主谓词组作宾语的句子的谓语常是表示感觉或心理活动的动词（见第三章"宾语"一节）。例如：

我认为他比较合适。

2. 兼语句中兼语前的动词和兼语之间不能加其他成分，而主谓词组作宾语的句子中，前边的动词和主谓词组之间可以加状语。例如：

我认为明天她会来。　　　　（主谓词组作宾语）

×他请明天我去他家玩儿。

3. 停顿不同。兼语句中前一个动词和兼语之间不能停顿，而主谓词组作宾语的句子中，谓语动词和主谓词组之间可以停顿。例如：

他觉得，这样做很好。　　　×我请，他吃饭。

第五节　"把"字句

一、基础知识

（一）介词"把"和宾语在谓语动词前边，表示对"把"的宾语施加了某种动作，使之发生某种变化、受到了某种影响或产生了某种结果，这样的句子就是"把"字句。

1. 有的"把"字句，通过主语施加的动作，使"把"的宾语发生了变化。例如：

①我把牛奶喝了。　　　　　（通过"喝"的动作，使牛奶没了）
②她把黑板擦干净了。　　　（通过"擦"的动作，使黑板干净了）
③那个孩子把玻璃碰碎了。　（通过"碰"的动作，使玻璃碎了）

2. 有的"把"字句，通过主语施加的动作，使"把"的宾语移动了位置。例如：

①你把这些东西带走吧。
　（通过"带"的动作，使这些东西离开了原来的地方）
②父母把孩子交给幼儿园的老师了。
　（通过"交"的动作，使孩子离开了父母，到了老师身边）
③我们把客人送到了机场。
　（通过"送"的动作，使客人离开原处到了机场）

3. 有的"把"字句，通过主语施加的动作，使"把"的宾语产生了结果。例如：

①她把那篇英文论文翻译成西班牙文了。
　（通过"翻译"的动作，使英文论文成了西班牙文）

②我把饺子包好了。

（通过"包"的动作，使饺子做成了）

4. 没有发生变化、受到影响或产生结果的情况，不能用"把"字句。例如：

×我把房子有。

×他把这本书喜欢了。

（二）"把"字句的主语一定是主动施事者；谓语动词一定是既可以带宾语，又可以使受事者发生变化的。谓语动词后边一般都要带有其他成分，如：动态助词"了/着"、宾语、补语等。"把"字句的基本格式是：

主语	状语： "把"＋宾语	谓语动词	其他成分
施事者	"把"＋受事者	施加动作	动作结果等

例如：

①你把这瓶饮料喝了吧。　　×你把这瓶饮料喝。

②你把这个苹果接着。　　×你把这个苹果接。

③我把这张照片给你。　　×我把这张照片给。

④她把那篇文章看完了。　　×她把那篇文章看。

⑤你把抽屉里的合同拿出来。　　×你把抽屉里的合同拿。

（三）动词"在、给、到、成"作谓语动词的结果补语时，后边必然带有代表处所、对象或动作结果的宾语，这类句子，一般都要用"把"字句表达。例如：

①我把笔记本电脑放在电脑包里了。

×我放笔记本电脑在电脑包里了。

②老师把作业本发给学生了。

×老师发作业本给学生了。

③你可以把行李车推到出租车旁边。

×你可以推行李车到出租车旁边。

④我们把这本书翻译成中文吧。

×我们翻译这本书成中文吧。

右边的错句,虽然从语法角度似乎可以分析成连动结构,不像是错句,但事实上,中国人是不这么说的,至少普通话是不这么说的。

(四)"把"字句的否定形式,一般都是在"把"字前边用"没(有)"。例如:

①她没把那本词典收起来。
②我没把卧室的电视关上。
③清洁工还没把垃圾袋运走。

(五)只有在假设或不希望发生、不准备做的情况下,才在"把"字前边用"不"。例如:

①(如果)不把这个消息告诉他,他就会睡不着觉。
②(要是)不把这篇论文写完,就不能毕业。
③她从来不把自己的快乐建立在别人的痛苦之上。
④我不想把这个矛盾扩大化。

二、教学注意事项

(一)少数有结果意义的双音节动词,可以单独充当"把"字句的谓语,而不用其他成分。例如:

①你们一定要把这个任务完成。
②我能把那个困难克服。

(二)"把"字句的谓语动词都不能带可能补语。例如:

×我把那篇文章看得懂。

(三)介词"把"的宾语是不能缺少的,而且是确指的,或者是在语言环境清楚的情况下,说话双方都明确所指的人或事物。例如:

①他把桌子上的材料拿走了。
②我把鸡炖了。
③你把钱准备好了吧?

(四)"把"字句的谓语动词可以带动态助词"了"、"着(zhe)",而不能带"过"。例如:

①我把茶喝了。　　　　　　×我把茶喝过。
②你把这个合同收着。　　　×你把这个合同收过。

第六节　被动句

一、基础知识

（一）主语是被动者，受事者，谓语动词也是又能带宾语、又能支配或影响主语的，这样的句子叫被动句。被动句谓语动词后边也要带其他成分，如：动态助词"了、着、过"、宾语、补语等。

（二）用介词"被"的被动句，也叫"被"字句。"被"字句的基本格式是：

主语	状语："被"＋宾语	谓语动词	其他成分
受事者	"被"＋施事者	施加动作	动作结果等

例如：

①牛奶被我喝了。

（我"喝"的东西是牛奶。牛奶是被喝了的）

②她被她哥哥带走了。

（她哥哥"带走"的对象是她。她是被带走的）

③校长被家长请去了。

（家长"请去"了校长。校长是被请去的）

④那个护工被患者留住了。

（患者"留住"了那个护工。护工是被留住的）

（三）不需要用介词的被动句，主语往往是表示事物的词语。这种句子的结构跟一般的动词谓语句完全一样，只有在特别强调被什么人或事物影响的时候，才用介词"被"。例如：

①桌子上的饮料喝了。

（桌子上的饮料被我喝了。饮料自己不会喝）

②数码相机摔坏了。

（数码相机被孩子摔坏了。相机自己不会摔

③豆腐买回来了。

（豆腐被爷爷买回来了。豆腐自己不会买）

④那本小说翻译成中文了。

（那本小说被他翻译成中文了。小说自己不会翻译）

(四)用介词"被"的被动句要表达的意思多数含有主语不愿发生或受到损害的意思。例如：

①他被那个骑车人撞了。

②那个犯罪嫌疑人被警察抓走了。

③我被大风刮得走不动了。

我们常说：电脑被他弄坏了。鱼被他烧糊了。

但一般不说：电脑被他修好了。鱼被他烧好了。

(五)如果没必要指出具体的施动者，介词"被"字后边的宾语可以只用"人"，或者省略宾语。例如：

①他们被(人)骗了。

②那个广告牌被(人)拆下来了。

③同学们都被请去看芭蕾舞了。

口语里还可以用介词"给"来代替"被"，意义和用法都差不多。例如：

④我给大风刮得走不动了。

⑤他们给(人)骗了。

(六)除了介词"被"以外，口语里也常用介词"叫、让"表示被动，但是一定要带宾语。例如：

①生日蛋糕让孩子们吃了。　　×生日蛋糕让吃了。

②妈妈叫人请去了。　　　　　×妈妈叫请去了。

③孩子让小朋友约出去了。　　×孩子让约出去了。

(七)"被"字句的否定形式，一般都是在"被"字前边用"没(有)"。例如：

①她没被汽车撞倒。　　　　　×她被汽车没撞倒。

②我们没被他说服。　　　　　×我们被他没说服。

③那辆自行车没被他骑走。　　×那辆自行车被他没骑走。

(八)只有在假设的情况下，才在"被"字前边用"不"否定。这时不利的

情况已经发生。例如:

①(要是)他不被汽车撞倒就好了。

②(如果)我们不被他说服,就不会出现这样的事故了。

③(要是)那辆自行车不被他骑走,就不会丢了。

如果是还未发生,而且不希望发生的情况,常在"被"字前边用"不"和助动词。例如:

④我不想被汽车撞倒。

⑤我们不愿被他说服。

二、教学注意事项

(一)少数有结果意义的双音节动词可以单独充当"被"字句的谓语,而不用其他成分。例如:

那个困难能被他们克服。

(二)"被"字句的谓语动词都不能带可能补语。例如:

桌子被他搬走了。　　　　　　×桌子被他搬得动。

(三)"被"字句的谓语动词可以带"了"、"过",而不能带"着(zhe)"。例如:

①茶被我喝了。　　　　　　　×这个合同被他收着。

②这个电器没被她动过。　　　×这个电器没被她动着。

(四)很多不能主动施加影响的事物,常常作主语,而不用被动形式。只有特别要说明主动者是谁的时候,才用被动形式。例如:

①电脑用完了。　　　　　　　×电脑被用完了。

②鱼烧好了。　　　　　　　　×鱼被烧好了。

第七节　存现句

一、基础知识

(一)存现句的特点

1. 句首是表示时间、处所的词语作状语,说明某时、某地存在、出现或失

去某人、某事物,而没有主语的句子,就叫存现句。例如:

  ①昨天这个客房里<u>住着</u>一位日本客人。 (存在)
  ②学生公寓里<u>搬来</u>了几个留学生。 (出现)
  ③我们班<u>转走</u>了一个同学。   (消失)

 2. 谓语动词后边常带动态助词"着、了、过"。例如:

  ①桌子上<u>放着</u>一个台历。   (存在)
  ②我们学校<u>来了</u>几位专家。   (出现)
  ③这个牧场<u>丢失过</u>几只羊。   (消失)

 3. 宾语可以是<u>受事</u>宾语,也可以是施事宾语。例如:

  ①床上躺着一个<u>病人</u>。   (施事宾语)
  ②她家买来了一些新<u>家具</u>。   (受事宾语)
  ③这个宾馆住过很多<u>名人</u>。   (施事宾语)

(二)常用于存现句的动词

1. 表示存在的

①表示人或事物等静止时的姿势、状态的,如:坐、站、睡、贴、躺、住、停等。

②表示安放物品动作的,如:放、挂、摆、种、写、画、绣等。

2. 表示出现的,如:来、进、出、起、出现等。

3. 表示消失的,如:丢、掉、死、走、消失等。

4. 有些动词加上表示经历态的动态助词"过",也可以表示消失。例如:住过、来过等。

(三)存现句的否定形式

1. 在谓语动词前边用"没(有)"。例如:

  ①医院门口<u>没</u>停着那辆汽车。
  ②最近小区里<u>没</u>搬来新住户。
  ③昨天<u>没</u>丢过东西。

2. 只有在假设或者不许、不准备做的情况下,才在谓语动词前边用"不",或者用助动词。例如:

  ①(如果)医院门口<u>不</u>停着那么多车,就不会出事了。

医院门口<u>不能停</u>那么多车。

②(要是)小区里<u>不进</u>新住户就好了。

小区里<u>不能进</u>新住户了。

③(如果)昨天<u>不错过</u>机会,早就可以参加了。

这样的机会<u>不应该错过</u>。

二、教学注意事项

(一)存现句的句首总是时间、处所状语,这些状语前边一般不用介词"在"或"从"。

(二)表示时间、处所的词语可以同时用在存现句句首,但不能放在谓语动词后边。例如:

<u>昨天</u><u>这个房间里</u>住着我的一个朋友。

×这个房间里住着我的一个朋友昨天。

×昨天住着我的一个朋友在这个房间里。

×这个房间里住着昨天我的一个朋友。

(三)存现句的谓语动词可以带的补语只有结果补语和趋向补语。例如:

①今年这座楼里要<u>搬走</u>六户居民。

②明天要<u>搬进</u>一户人家<u>来</u>。

练 习

1. "是"字句和"有"字句有什么异同?

2. 表示存在时,动词"在"、"是"和"有"在用法上有什么异同?请举例说明。

3. 是不是谓语中有两个以上的动词就是连动句?"我打球,买菜,看电视。"是连动句吗?

4. 连动句中的动态助词和否定副词的位置在哪里?

5. 怎么区分连动句和兼语句?请举两个例子。

6. 怎么区分兼语句和主谓词组作宾语的句子?请举两个例子。

7. "把"字句和"被"字句的根本区别在哪里？

8. "把"字句和"被"字句的谓语动词后边可以带的"其他成分"都一样吗？

9. "把"字句中"把"的宾语和"被"字句中"被"的宾语在性质上有什么不同？

10. 除了"被"字句，被动句还有哪些常见的形式？

11. 存现句是没有主语的句子吗？存现句的句首常是什么词语？

12. 存现句中谓语动词的宾语有什么特点？

13. 你准备怎么教《汉语教程》(修订本)第一册(下)第二十二课的兼语句？请写出来。

第七章 表示比较的方法

汉语里表示比较的方法很多,常用的有以下几种方式:

一、用"跟"表示比较。例如:

①这张相片跟那张(相片)一样。

②他的相机跟我的(相机)不同。

二、用"像"表示比较。例如:

①她像她妈妈。

②她像她妈妈那么文静。

三、用"比"表示比较。例如:

①这个房间比那个(房间)大。

②这个房间比那个大得多。

③这个房间比那个大三平方米。

四、用"有"表示比较。例如:

①他有你(这么)高。

②这本书有那本(那么)厚。

五、用"不如"表示比较。例如:

①这件衣服不如那件(衣服)。

②这件衣服不如那件(衣服)那么贵。

六、用"越来越……"表示比较。例如:

①我们的生活越来越好了。

②天气越来越冷了。

第一节　用"跟"表示比较

一、基础知识

(一)如果要比较两个人或两种事物是不是一样,就可以用介词"跟"和宾语在谓语形容词"一样/相同"前边作状语。

(二)介词"跟"的宾语和句子的主语一般是同类的,或者是有可比性的词或词组。例如:

他的年龄跟你的年龄一样。

(三)介词"跟"的宾语可以是各类词或词组,如果意思很清楚,可以省略前后重复的、相同的词语。例如:

①这张名片跟那张(名片)一样/相同/差不多。

②他的性格跟他父亲(的性格)一样/相同/差不多。

③这个学校(的规模)跟那个学校的规模一样/相同/差不多。

(四)介词"跟"可以换成介词"和","一样"也可以换用"相同"、"差不多"。例如:

①这座楼和那座(楼)一样。

②她的相貌跟她母亲(的相貌)相同。

③我们的课程和你们(的课程)差不多。

(五)用"跟/和……一样/相同"表示比较的否定形式

1. 最常见的是在谓语形容词前边用"不"。例如:

①这篇文章的作者跟那篇文章的作者不一样。

②她的帽子跟我的(帽子)不一样。

③这个颜色跟那个颜色不(相)同。

2. 反驳时也可以在"跟/和"前边用"不"。例如:

①这件衣服的式样不跟那件衣服(的式样)相同。

②你的发型不和她的(发型)一样。

3. "跟……差不多"的否定形式则是"跟……差得多/差多了"。例如:

①这条裙子的质量<u>跟</u>那条(裙子的质量)<u>差得多</u>。

②这个汉字<u>跟</u>那个汉字<u>差多了</u>。

(六)"跟……一样/差不多"还可以作状语,状语后边不用结构助词"地",而"跟……相同"不能作状语。例如:

①她<u>跟</u>你<u>一样/差不多</u>乐观。　　×她跟你相同乐观。

②这座楼<u>跟</u>那座楼<u>差不多</u>高。　　×这座楼跟那座楼相同高。

③我<u>跟</u>他<u>不一样</u>高。　　　　　×我跟他不相同高。

(七)"跟/和……(不)一样/相同/差不多"也可以作定语,定语后边要用结构助词"的"。例如:

①妈妈给我买了一辆<u>跟强强买的一样的</u>自行车。

妈妈给我买了一辆<u>和强强买的相同的</u>自行车。

②我有一个<u>跟你差不多的</u>数码相机。

我有一个<u>跟你不同的</u>数码相机。

③她买了一个<u>跟他不一样的</u>花瓶。

她买了一个<u>和他差不多的</u>花瓶。

(八)"跟……一样/差不多"也可以作状态补语,而"跟……相同"则不能。例如:

①她长<u>得跟她妈妈一样/差不多</u>。　　×她长得跟她妈妈相同。

②这个婴儿笑<u>得跟花儿一样/差不多</u>。　　×这个婴儿笑得跟花儿相同。

二、教学注意事项

(一)"跟……一样/相同"中,谓语形容词前边可以有状语。例如:

①我的帽子跟你的(帽子)<u>差不多</u>一样。

②这个电脑的型号跟那个(电脑的型号)<u>完全</u>相同。

(二)"跟……一样"和结构助词

1. 作定语,一定要用"的"。

2. 作补语,只能作状态补语,前边一定要用"得"。

3. 直接作状语,不用"地"。

(三)"跟……(不)相同"不能作状语,也不能作状态补语。

第二节　用"像"表示比较

一、基础知识

（一）如果要比较两个人或两种事物是不是相像，就可以用"像"作谓语动词。例如：

①她很<u>像</u>她妈妈。

②这种玩具枪<u>像</u>真的。

③这个建筑的结构很<u>像</u>迷宫。

（二）动词"像"的否定形式是"不像"。例如：

①这个小孩儿<u>不像</u>小学生。

②这位女士<u>不像</u>学生的家长。

③她<u>不像</u>她妈妈。

（三）"像"也可以跟"一样"一起用，这时，"像"和宾语就成了"一样"的状语。例如：

①老人常常<u>像孩子</u>一样。

②汉语的声调<u>像音乐</u>一样。

（四）"像……一样"也可以作状语、定语或状态补语。例如：

①老人常常<u>像孩子一样</u>需要家人的照顾。　　（状语）

②汉语的声调语调<u>像音乐一样</u>好听。　　　　（状语）

③我想有一顶<u>像你（的）一样</u>的帽子。　　　　（定语）

④与会的都是<u>像你一样</u>的专家级人物。　　　（定语）

⑤她高兴得<u>像孩子一样</u>。　　　　　　　　　（状态补语）

⑥她唱得<u>像歌手一样</u>。　　　　　　　　　　（状态补语）

（五）"像"还常构成下列格式表示比较：

主语—"像"＋宾语—"这么／那么"—谓语形容词/动词。

　　　　　　└─────状语─────┘

例如：

①她像她母亲那么漂亮。

②她的心胸像大海那么宽阔。

③汉字不像汉语拼音这么容易学。

二、教学注意事项

(一)"像……一样"和结构助词

1. 作定语,一定要用"的"。

2. 作补语,只能作状态补语,前边一定要用"得"。

3. 直接作状语,不用"地"。

(二)"像……一样"和"跟……一样"的主要区别在于:"像……一样"表示前后两个人或事物非常相像;"跟……一样"则表示前后两个人或事物一样,而不是相像,程度是不同的。例如：

①他像他姐姐一样。

他跟他姐姐一样。

②他像他姐姐一样用功。

他跟他姐姐一样用功。

第三节 用"比"表示比较

一、基础知识

(一)如果要比较两个人或两种事物有什么差别,就可以在谓语形容词或动词前边用介词"比"和宾语作状语。"比"的宾语是比较的对象,谓语是比较的结果。这种用"比"表示比较的句子叫作"比"字句。

(二)"比"字句最基本的格式是：

主语—"比"+宾语—谓语形容词。例如：

①你比她高。

②今天比昨天冷。

③这本书比那本书厚。

(三)这种"比"字句常常在谓语形容词前边用"更、还",表示程度上进了一层。例如：

  ①你比她更高。　　　　　　　(前提是"她"高)

  ②今天比昨天还冷。　　　　　(前提是"昨天"冷)

  ③这本书比那本书更厚。　　　(前提是"那本书"厚)

(四)这种"比"字句的否定形式,谓语常常用反义词表示。例如：

  ①她比你高。　　　　　　——你比他矮。

  ②今天比昨天暖和。　　　——昨天比今天冷。

  ③这本书比那本书厚。　——那本书比这本书薄。

(五)如果要比较出差别有多大,可以在谓语形容词后边加补语"一点儿"、"一些"、"得多"、"多了"等。例如：

  ①你比她高一点儿。

   你比她高得多。

  ②今天比昨天暖和一些。

   今天比昨天暖和多了。

  ③这本书比那本书厚一点儿。

   这本书比那本书厚多了。

(六)如果要表示具体差别,可以加数量补语。例如：

  ①你比她高一厘米。

  ②今天的气温比昨天(的气温)高两度。

  ③这张桌子比那张(桌子)长三厘米。

  ④这件衣服比那件贵八十元。

(七)"比"字句的主语可以是各类词或词组。例如：

  ①张三比李四高。　　　　　　　　　　(名词)

  ②你比她更漂亮。　　　　　　　　　　(代词)

  ③笑比哭好看。　　　　　　　　　　　(动词)

  ④安静比热闹更舒服。　　　　　　　　(形容词)

⑤你和他比你和我更合适。　　　　　　　　　（联合词组）
⑥坐火车比坐汽车快,坐飞机比坐火车更快。（动宾词组）
⑦安静一点儿比太热闹舒服得多。　　　　　（补充词组）
⑧你唱比他唱还合适。　　　　　　　　　　　（主谓词组）

(八)"比"字句的谓语也可以由动词或动词词组充当。例如:

①他比我还喜欢。　　　　　　　　　　　　　（动词）
②她比你还喜欢游泳。　　　　　　　　　　　（动宾词组）
③这个医生比那个医生有经验。　　　　　　　（动宾词组）
④她演这个角色比我(演这个角色)更符合要求。（动宾词组）

(九)如果谓语动词带状态补语,"比"及其宾语可以有两个位置:一是在谓语动词前边作状语,二是在谓语动词后边作状态补语中的状语。例如:

①小刘比我唱得好听。
　　小刘唱得比我好听。
②她比你跑得快。
　　她跑得比你快。
③这个演员比那个演员演得好。
　　这个演员演得比那个演员好。

(十)如果又要表示动作的比较结果,又要表示具体的差别,有两类表示方法:

1. 在谓语动词前边用"早、晚"或"多、少",而不能用在"比"前边。例如:

①我的同屋比我早起了半小时。
　　×我的同屋早比我起了半小时。
②你比我晚到了一刻钟。
　　×你晚比我到了一刻钟。
③我今天比昨天多买了一份盒饭。
　　×我今天多比昨天买了一份盒饭。
④考试的时候我比她少做了一道题。
　　×考试的时候我少比她做了一道题。

2. 在状态补语后边加上"一点儿"、"一些"、"得多"、"多了"等。例如:

①我比你跑得快多了。
②老人的衣服比年轻人穿得多一点儿。

二、教学注意事项

（一）"比"字句中，谓语形容词或动词前边只能用副词"更"或"还"，而不能用其他表示程度的副词作状语。例如：

①老二比老大还能干。
  ×老二比老大很能干。
②这张油画比那张（油画）更有表现力。
  ×这张油画比那张（油画）非常有表现力。

（二）"比"字句的否定形式"不比"在要反驳对方或者比较的双方差不多时才用。例如：

①今天不比昨天暖和。
  （今天和昨天气温差不多。或者：今天实际上比昨天冷一点儿。）
②你不比她高。
  （你跟她差不多高。或者：你实际上比她矮一些。）
③这本书不比那本书厚。
  （这本书跟那本书差不多厚。或者：这本书实际上比那本薄一点儿。）
④谁说他比你高？他不比你高。

（三）比较年龄的时候，不能用"多"、"少"来表示，而要用"大"、"小"表示。例如：

1. 他二十三岁，我二十岁：
①他比我大（三岁）。
  ×他的年龄比我多。
②我比他小（三岁）。
  ×我的年龄比他少。
③他比我大一点儿，我比他小一点儿。
  ×他比我多一点儿，我比他少一点儿。

2. 你四十岁,他二十七岁:

　　你比他大多了,他比你小多了。

　　×你比他多多了,他比你少多了。

(四)"比"字句要表示随着时间不断加深程度时,可以在谓语前边用"一天比一天"、"一年比一年"、"一次比一次"等。例如:

　　①他的病一天比一天严重。

　　②我们的生活质量一年比一年高。

　　③这种产品一次比一次做得精致。

(五)"比"字句要表示同类人或物体中不同个体之间存在某种程度上的差异时,可在谓语前边用"一＋量词＋比＋一＋量词"。例如:

　　①这些姑娘一个比一个漂亮。

　　②这些果树一棵比一棵结得多。

(六)在"比"后边还可以用时间词语,表示不同时间的比较。例如:

　　①他的身体比从前好多了。

　　②我的生活比毕业以前平静一点儿。

(七)介词"比"和"跟……一样"

1."跟……一样"只能说明比较的双方是不是相同,而不能表示双方存在的差别。如果两个人或事物不同,而要表示它们之间的差别时,就要用"比"字句。例如:

　　①你跟他不一样。

　　②你比他高。

　　③你比他大。

　　④你比他瘦。

　　⑤你比他幽默得多。

　　⑥你比他自信一点儿。

2."比"不能跟"一样"用在一起。例如:

　　①这个玩具跟那个一样。　　　　×这个玩具比那个一样。

　　②他的鼠标跟我的不一样。　　　×他的鼠标比我的不一样。

第四节　用"有"表示比较

一、基础知识

（一）如果要比较两个人或两种事物在某一方面的相似点，就可以在谓语形容词或动词的前边用动词"有"和它的宾语作状语。常用的格式是：……有……（这么/那么）……。例如：

这个粮食堆有小山那么高。

（二）"有"的宾语和句子的主语一般是同类的，或者是有可比性的，都可以是各类词或词组，因此，如果意思很清楚，可以省略重复的、相同的词语。谓语形容词代表比较的方面，谓语形容词的前面常常用"这么/那么"表示程度，而"有"表示"达到（某种程度）"的意思。例如：

①她有她母亲那么美丽。

②你有她那么幽默。

③那个护士有你这么关心患者。

（三）用"有"表示比较的否定形式，就用"没有"，常省略为"没"。例如：

①我没（有）你这么爱滑冰。

②她没（有）她双胞胎妹妹那么结实。

③她没（有）你那么专心。

（四）如果谓语动词带状态补语，"有"及其宾语可以有两个位置：

1. 在谓语动词前边作状语。例如：

①那个大夫有你来得早。

②小强有小刚跑得快。

③我没有她写得多。

④她没有我画得好。

2. 在谓语动词后边作状态补语中的状语。例如：

①那个大夫来得有你早。

②小强跑得<u>有</u>小刚快。
③我写得<u>没(有)</u>她多。
④她画得<u>没(有)</u>我好。

二、教学注意事项

"比"字句的否定形式也常常用"没有"来表达，但不能再用"比"。例如：
①我<u>比</u>他胖。
  我<u>没(有)</u>他胖。
②她<u>比</u>我爱吃巧克力。
  她<u>没(有)</u>我爱吃巧克力。
③这件衣服的颜色<u>比</u>那件衣服(的颜色)深。
  这件衣服的颜色<u>没(有)</u>那件衣服(的颜色)深。

第五节　用"不如"表示比较

一、基础知识

用"不如"表示比较，一般可以有以下几种格式：
(一)主语——谓语"不如"——宾语。例如：
　　①(在说汉语方面，)他<u>不如</u>你。
　　②(在交际能力方面，)你<u>不如</u>他。
(二)主语——"不如"＋宾语——谓语形容词。例如：
　　①她<u>不如</u>你好。
　　②你<u>不如</u>我勇敢。
(三)主语——"不如"＋宾语——谓语动词/词组。例如：
　　①爸爸<u>不如</u>妈妈爱运动。
　　②这个经理<u>不如</u>职员熟悉业务。
(四)主语——"不如"＋宾语——"这么/那么"——谓语动词/形容词。

例如：

①爸爸<u>不如</u>妈妈<u>这么</u>爱运动。

②这个经理<u>不如</u>职员<u>那么</u>熟悉业务。

③她<u>不如</u>你<u>这么</u>好。

二、教学注意事项

"不如"可以换用"没有……（这么/那么）……"，意思基本不变。但是，"不如"后边可以只带宾语，而用"没有……（这么/那么）……"时，后边必须加谓语动词或形容词。例如：

①这个电视连续剧<u>不如</u>那个。

　这个电视连续剧<u>没有</u>那个好。✕这个电视连续剧没有那个。

②你<u>不如</u>他爱说话。

　你<u>没有</u>他爱说话。

③我<u>不如</u>你那么勇敢。

　我<u>没有</u>你那么勇敢。

第六节　用"越来越……"表示比较

一、基础知识

（一）如果要表示某人或某事物随着时间的推移而有同一方向的变化，可以用"越来越……"作状语，谓语表示变化的方面。

（二）用"越来越……"表示比较的句子，基本格式是：

主语——"越来越"——谓语形容词/动词。例如：

①她<u>越来越</u>用功了。

②这座城市<u>越来越</u>漂亮了。

③那个学生的成绩<u>越来越</u>好了。

④我<u>越来越</u>喜欢打乒乓球了。

⑤她父亲越来越注意身体了。

（三）如果谓语动词带状态补语，"越来越……"要放在状态补语前边作状语。例如：

①那个演员长得越来越好看了。
②科学报告会的会场布置得越来越高级了。
③这个孩子说得越来越离谱了。

（四）"越来越……"和形容词可以一起作定语，这时一定要用"的"。例如：

①越来越多的公务员参加健身运动了。
②越来越热的天气真让人受不了。

二、教学注意事项

（一）"越来越……"和谓语之间不能再用表示程度的副词状语。例如：

①天气越来越冷了。　　　×天气越来越很冷了。
②他的女儿越来越懂事了。　×他的女儿越来越十分懂事了。

（二）"越来越……"可以换用"一天比一天"、"一年比一年"、"一次比一次"等。例如：

①我们彼此越来越了解了。
　我们彼此一天比一天了解了。
②这个城市的变化越来越大了。
　这里的变化一年比一年大了。
③他的考试成绩越来越好了。
　他的考试成绩一次比一次好了。

练 习

1. "跟……一样"和"跟……相同"的用法完全一样吗？
2. "像……一样"和"跟……一样"有什么异同？
3. "一样"可以和"比"同时表示比较吗？
4. "比"字句有哪些表现形式？各有什么不同？

5."比"字句的否定式有几种?各有什么意思?

6."比"字句中,如果谓语动词带状态补语,"比"及其宾语应在什么位置?请举例说明。

7."比"字句中,如果谓语动词要加"早、晚"、"多、少"或者"一点儿、一些"、"得多、多了"等表示比较结果和具体差别时,应该放在哪里?

8. 在表示比较方面,"不如"和"没有"有什么异同?

9. 用"越来越……"表示比较时的特点是什么?

10. 你准备怎么教《汉语教程》(修订本)第二册(上)第一课的比较句(一)?请写出来。

第八章　表示强调的方法

汉语里表示强调的方法很多。本章介绍几种常见的格式：

一、用疑问代词表示强调。例如：

　　①谁都喜欢听表扬。

　　②我什么也没听说。

二、用"就"表示强调。例如：

　　①他就是那个演员。

　　②我就不愿意。

三、用"是"表示强调。例如：

　　①我是明天去上海。

　　②他是发烧了。

四、用反问方法表示强调。例如：

　　①他哪儿会说英语啊？

　　②我怎么不懂家乡话啊？

　　③你不是去博物馆参观了吗？

　　④他不是不准备参加比赛吗？

五、用"连"表示强调。例如：

　　①这件事他连我都没告诉。

　　②连幼儿园的小朋友都知道饭前要洗手。

六、用两次否定表示强调。例如：

　　①没有不透风的墙。

②我不能不说。

七、用"是……的"表示强调。例如：

①我是昨天到北京的。

②他是从北京去的上海。

第一节 用疑问代词表示强调

一、基础知识

疑问代词有时在句子里并不表示疑问，而是表示强调。疑问代词在陈述句里表示任指，用在谓语前边，强调任何人或事物都不例外，疑问代词和谓语之间要用"都"或"也"。例如：

①<u>谁</u>都不喜欢这样。　　　　　（任何人，所有的人）

②她<u>什么</u>都不知道。　　　　　（任何消息、事情）

③我<u>什么</u>消息也没听到。　　　（任何消息）

④<u>哪儿</u>都有银行。　　　　　　（任何城市、地区）

⑤<u>哪个</u>学校都有教师和学生。　（任何学校，所有的学校）

⑥我<u>怎么</u>画也画不好。　　　　（用所有的方法画）

⑦校园里<u>哪儿</u>都很安静。　　　（任何地方）

⑧这个城市<u>什么</u>都新鲜。　　　（任何方面，任何地方，任何事情）

二、教学注意事项

（一）用疑问代词强调任指时，如果不用"都、也"，意思就完全变了，成了疑问句。例如：

①谁都愿意成功。　　　　（所有人都愿意成功）

　谁愿意成功？　　　　　（反问句，强调没人愿意成功）

②他什么也不吃。　　　　（任何东西都不吃）

他什么不吃？　　　　　　　　（反问句,强调他什么都吃）

　　③我怎么也高兴不起来。　　　　（没办法使自己高兴）

　　　我怎么高兴不起来？　　　　　（反问句,强调自己很高兴）

(二)"也"多用于否定式。

第二节　用"就"表示强调

一、基础知识

用"就"表示强调——谓语动词前边可以用副词"就"表示强调,"就"要重读。用"就"表示强调的情况,常见的有以下几种：

(一)强调正是后边的情况,而不是别的情况。例如：

　　①她就是我们班的汉语老师。

　　②他要请的家庭教师就是你。

如果否定,也是否定"就"后边的"是"。例如：

　　③她就不是我们班的汉语老师。

　　④他要请的家庭教师就不是你。

(二)强调"立刻、马上"做某事。例如：

　　①(别着急,)我就去你那儿。

　　②她就写完了。

(三)强调"只"的意思。例如：

　　①我就有一张芭蕾舞票。

　　②我们组就选了一个代表。

　　③他们公司就设了三个分公司。

(四)强调"坚决"、"偏偏"做或不做某事。例如：

　　①(你不让我去,)我就去。

　　②(大家让他认错,)她就不肯认错。

二、教学注意事项

(一)副词"就"可以强调"正是",也可以强调否定。例如:

①他就喜欢打乒乓球。

我就不喜欢体育课。

②我就愿意在图书馆看书。

弟弟就不愿意去图书馆。

(二)用"就"强调"只"时,谓语动词后边多带数量词组,也有不带数量词组的。例如:

①全校学生就他最高。

②我买的东西就数相机贵。

第三节 用"是"表示强调

一、基础知识

各种谓语前边都可以用"是"强调后边的情况确实如此,"是"要重读。例如:

①他们最近是忙。 (形容词)

②这本书我是喜欢。 (动词)

③他是主任。 (名词)

④她是来晚了。 (补充词组)

⑤春节期间他是来过两次。 (补充词组)

⑥我是头疼。 (主谓词组)

⑦他们几个是特别忙。 (偏正词组)

⑧王老师是讲过这个传说。 (动宾词组)

⑨这本书是我买的。 ("的"字词组)

⑩她是把那本画报拿走了。　　　　　("把"字句)
⑪玻璃是被小强打破的。　　　　　("被"字句)

二、教学注意事项

(一)强调确实如此的"是",如果出现在"是"字句中,只能用一个"是"。这个"是"必须重读。例如:

①他是帮助过我们的人。　　×他是是帮助过我们的人。
②我是那个受伤的工人。　　×我是是那个受伤的工人。

(二)"是"也可以强调确实不是如此,否定副词应放在副词"是"的后边强调否定。"是"也要重读。例如:

①他是不知道几点开会。
②我是不同意这样做。

第四节　用反问方法表示强调

一、基础知识

常用的用反问方法表示强调的基本格式有两类:

(一)用"哪儿……(啊)"表示反问。基本格式有两种:

1. 主语＋"哪儿"＋动词或动词词组的肯定形式＋"啊"——强调否定的意思。例如:

我哪儿知道啊?　　　　(强调"我不知道",没人告诉我)

2. 主语＋"哪儿"＋动词或动词词组的否定形式＋"啊"——强调肯定的意思。例如:

她哪儿不知道啊?　　　　(强调"她知道",比如是我告诉她的)

(二)用"不是……吗"表示反问。基本格式也有两种:

1. 主语＋"不是……吗"? 例如:

①我不是告诉你了吗？　　（强调"你应该知道"）

②她不是给你票了吗？　　（强调"票应该在你那儿"）

(二)"不是"＋主语＋……"吗"？例如：

①不是她告诉你的吗？

（强调"你应该知道，你不应该说不知道"）

②不是学校已经决定了吗？

（强调"不能改变，只能这样了"）

二、教学注意事项

(一)用"哪儿……啊"反问时，重音在"哪儿"上；而用"不是……吗"反问时，重音则在"不是"后边的词语上。

(二)用"不是……吗"反问，是对已知的情况是否属实产生怀疑。例如：

①你不是到外地出差了吗？（怎么又来上班了？）

②他不是已经结婚了吗？　（怎么又要举行婚礼？）

第五节　用"连"表示强调

一、基础知识

(一)用介词"连"举出比较极端的事例(宾语)来强调这种情况尚且这样，其他的情况更不在话下，更应该这样了。

(二)这种用介词"连"表示强调的基本格式是：

主语＋介词"连"和宾语＋"都/也"＋谓语动词……。例如：

①她连你都不怕，别的人更不怕了。

（你很厉害，很多人都怕你）

②连他都知道这件事，大家肯定都知道了。

（他总是比别人晚知道）

③他连汉字都学会了,更别说汉语拼音了。

(汉语拼音比汉字容易学)

④我今天连吃饭也忘了。

(吃饭是每天必做的事,忘了吃饭肯定太忙了)

(三)"连……也/都……"可以放在谓语动词或者形容词和"得"后边充当状态补语。例如:

①我今天忙得连吃饭也忘了。

②她跑得连汗都出来了。

③她困得连眼睛也睁不开了。

二、教学注意事项

(一)用介词"连"强调宾语的时候,"连"可以省去不说,但"也/都"却一定要说,这时,"连"后边的宾语就成了主语。例如:

①他(连)自己的名字也不会写,怎么会写诗呢?

×他自己的名字不会写,怎么会写诗呢?

×他连自己的名字不会写,怎么会写诗呢?

②(连)小学生都知道遵守交通规则,何况成年人呢。

×连小学生知道遵守交通规则,何况成年人呢。

(二)介词"连"后边常常用"一……",表示特别强调。"连"也可以省去不说。例如:

①他(连)一句话都不说。

②花园里(连)一个人也没有。

(三)如果"连"的宾语是动词或动词性词组,而且和全句的谓语动词是相同的,"都/也"后边一般都是否定式。例如:

①他连动都不动。

②我连想也没想就说出来了。

第六节　用两次否定表示强调

一、基础知识

汉语里,常用两个否定形式强调肯定的意思。这种强调的方法,常见的有以下几种格式:

(一)没有……不……

① 没有人不喜欢音乐。　　　(强调人人都喜欢音乐)

② 没有一个人不知道这个新闻。

(强调所有的人都知道这个新闻)

③ 他没有一天不锻炼身体。　(强调天天都锻炼)

(二)没有不……

① 没有不能克服的困难。　　(强调所有的困难都能克服)

② 我没有不爱看的小说。　　(强调什么小说都爱看)

③ 她没有不会唱的歌曲。　　(强调所有的歌曲都会唱)

(三)没有……,(就)没有……

① 没有付出,就没有收获。　　(强调要有收获就一定要付出)

② 没有刻苦努力,就没有成功。(强调要成功就一定要刻苦努力)

③ 没有她的帮助,就没有我的今天。

(强调我有今天全靠她的帮助)

(四)不……,不……

① 我们不能不努力学习。　　(强调必须努力学习)

② 她不得不离开这个城市。　(强调只能离开这个城市)

③ 你不应该不尊重老人。　　(强调应该尊重老人)

(五)不……没有……

① 一个家庭不能没有户主。　(强调一定要有户主)

②学生<u>不</u>应该<u>没有</u>时间运动。(强调应该有运动的时间)

(六)非……不可/不成/不行

①这个问题<u>非</u>今天解决<u>不可</u>。(强调今天一定要解决)

②你<u>非</u>学习这个专业<u>不成</u>？(强调反问"一定要学这个专业吗？")

二、教学注意事项

(一)否定副词"不"和"没有"直接连用时,只能是"没有不",而不能是"不没有"。

(二)用"没有……不……"表示强调时,"没有"后边常用"一……",强调没有例外。例如：

①这里没有一个人不喜欢跳舞。

②他们没有一刻不想成功。

③幼儿园的孩子们没有一天不快乐。

第七节 用"是……的"表示强调

一、基础知识

(一)如果要特别强调已经完成的动作发生的时间、地点、方式等,常常用"是……的"表示。

(二)要强调的时间、地点、方式等放在"是"后边作动词的状语。例如：

①我<u>是</u>今天上午来<u>的</u>。

②我<u>是</u>从上海来<u>的</u>。

③我<u>是</u>坐火车来<u>的</u>。

④我<u>是</u>今天上午从上海坐火车来<u>的</u>。

(三)如果动词有宾语,宾语可以放在"的"字前边或后边。例如：

①我<u>是</u>上星期三到中国<u>的</u>。

我是上星期三到的中国。

②我是从日本东京来北京的。

我是从日本东京来的北京。

③我是坐飞机来北京的。

我是坐飞机来的北京。

④我是在北京语言大学学习汉语的。

我是在北京语言大学学习的汉语。

⑤我是昨天看见她的。

我是昨天看见的她。

⑥我是三点去那儿的。

我是三点去的那儿。

(四)用"是……的"表示强调的否定形式是："不是……的"。例如：

①她不是上月走的。

②他不是骑自行车去的颐和园。

③我不是在杭州遇见他的。

二、教学注意事项

用"是……的"表示强调的句子里，不能在动词后边用表示完成的动态助词"了"。例如：

①我是昨天从英国来的。　　×我是昨天从英国来了的。

②他是坐船去苏州的。　　　×他是坐船去了苏州的。

　　　　　　　　　　　　　×他是坐了船去苏州的。

练 习

1. 汉语里表示强调的方法有哪几种？请举例说明。

2. 用疑问代词表示强调的主要特点是什么？强调什么？

3. 用疑问代词表示强调的句子里，如果不用"都"或"也"，句子的意思会改变吗？请举例说明。

4. 用"就"表示强调时,常见的强调情况有哪些?

5. 用"是"表示强调时,强调的是什么?对这个"是"的读音有什么要求吗?

6. 用反问句"哪儿……啊"和"不是……吗"表示强调,各有什么特点?

7. 用"连……都/也……"强调什么?

8. 有状态补语的句子里,表示强调的"连……都/也……"应该放在什么位置?请举例说明。

9. 用两次否定表示强调有哪些形式?请举例说明这些形式强调了什么。

10. 用"是……的"主要强调什么?"是……的"和表示完成的"了"有关系吗?

11. 你准备怎么教《汉语教程》(修订本)第二册(上)第六课的"是……的"?请写出来。

第九章　复　句

一、复句,就是两个或两个以上单句构成的句子。复句中的单句叫分句,分句可以是各类句式。

(一)有的复句由单句直接联合而成。例如:

①我是教师,你是医生。

②你唱歌,他跳舞。

(二)有的用连词或关联副词连接。例如:

①我们虽然没有很多钱,但是我们过得很快乐。

②他又是教研室主任,又是高一(2)班的班主任。

(三)复句可能很简单,单句也可能很复杂。例如:

①你说,我听。(复句)

②昨天上午新生都在学校的礼堂参加开学典礼和新生欢迎会。

(单句)

二、汉语里,复句一般可以分为两大类:

(一)联合复句

根据分句和分句之间的关系,并列复句又可以分为以下几种:

1. 并列关系。例如:你是留学生,他也是留学生。

2. 承接关系。例如:我先去上课,再去银行。

3. 递进关系。例如:他不但会汉语,而且英语也很好。

4. 选择关系。例如:你今天报名,或者明天报名,都可以。

(二)偏正复句

根据分句和分句之间的关系,偏正复句又可以分为以下几种:

1. 因果关系。例如:因为他最近比较忙,所以没时间参加这次的同学聚会。
2. 转折关系。例如:我们虽然不认识,但是我愿意帮助你。
3. 条件关系。例如:只有刻苦努力,才能取得优异的成绩。
4. 目的关系。例如:为了找到合适的工作,他已经跑了很多招聘单位了。
5. 假设关系。例如:如果时间允许,我就一定去看你。
6. 让步关系。例如:就是她不告诉你,我也要告诉你。
7. 取舍关系。例如:他们宁可不吃饭,也要把这个实验做完。

三、很多复句的分句都要使用关联词语,例如:又……,又……;虽然……,但是……;不但……,而且……;一……,就……;等等。有的分句和分句之间有先后之分,前后分句不能对调;有的不分先后,前后分句对调后意思不变。

复句中的分句可能只有一个主语,也可能每个分句各有一个主语。

四、有一种介乎单句和复句之间的句子,也就是把复杂的意思压缩成一个类似单句形式的句子,可以叫作紧缩句。例如:

他一见生人就脸红。

第一节 联合复句

一、基础知识

联合复句的分句和分句处于同一层次,不分主次,多数是前后分句可以对调的。下面分别介绍四种常见的联合复句。

(一)并列关系

1. 不分先后,前后分句可以对调,不影响意思。例如:

①这是我父母的房间,那是我的房间。

那是我的房间,这是我父母的房间。

②他是化学老师,她是俄语老师。

她是俄语老师,他是化学老师。

③我喜欢唱歌,她喜欢跳舞。

她喜欢跳舞,我喜欢唱歌。

④你性格温顺,他脾气暴躁。

他脾气暴躁,你性格温顺。

⑤她<u>一边</u>看家,<u>一边</u>复习功课。

她一边复习功课,一边看家。

⑥这个公司的产品,价钱<u>又</u>便宜,东西<u>又</u>好使。

这个公司的产品,东西<u>又</u>好使,价钱<u>又</u>便宜。

2. 常见的关联词有:也……,也……;又……,又……;一边……,一边……;一面……,一面……;一方面……,一方面……;不是……,而是……;是……,而不是……;等等。

(二)承接关系

1. 动作有先后,前后分句不能对调,否则意思就变了或者不通。例如:

①我们<u>先</u>去吃饭,<u>然后</u>再去看朋友吧。

我们<u>先</u>去看朋友,<u>然后</u>再去吃饭吧。(意思变了)

②我们<u>先</u>去购物,<u>然后</u>去看话剧,好吗?

我们<u>先</u>去看话剧,<u>然后</u>去购物,好吗?(意思变了)

③你下了课<u>就</u>来吧。

×你来吧就下了课。

×你就来吧下了课。

④我<u>一</u>开完会,<u>就</u>去机场接你。

×我一去机场接你,就开完会。

×我就去机场接你,一开完会。

⑤会议<u>一</u>结束,我<u>就</u>返回上海。

×我一返回上海,会议就结束。

×我就返回上海,会议一结束。

2. 常用的关联词有:先……,后……;先……,再……;(先)……,然后/以后……;(先)……,接着……;……,就……;一……,就……;等等。

(三)递进关系

1. 动作有先后、有层次,后一分句比前一分句所表达的意思更进一层。在不同的场合,要根据说话人的感受,确定不同分句的孰前孰后,后一分句是强调所在。例如:

① 我今天要写完这篇文章,还要寄给报社。

× 我今天要寄给报社(这篇文章),还要写完这篇文章。

② 她不但是一个好女儿,而且是一个好母亲。

她不但是一个好母亲,而且是一个好女儿。

③ 不但她会说汉语,而且她弟弟也会说汉语。

不但她弟弟会说汉语,而且她也会说汉语。

2. 常用的关联词有:……,还……;不但……,而且(还/也/又)……;等等。

(四)选择关系

1. 两个或几个分句不分先后,要选择其中一个。前后分句可以对调,意思不变。例如:

① 你是喝啤酒,还是喝葡萄酒?

你是喝葡萄酒,还是喝啤酒?

② 这张照片,不是你拍的,就是她拍的。

这张照片,不是她拍的,就是你拍的。

③ 不是你去,就是他来。(只有这两种可能)

不是他来,就是你去。(只有这两种可能)

④ 或者在你那儿谈,或者在办公室谈,都可以。

或者在办公室谈,或者在你那儿谈,都可以。

2. 常用的关联词有:(还)是……,还是……;或者……,或者……;不是……,就是……;等等。

二、教学注意事项

(一)表示联合关系和选择关系所使用的关联词"也、又、一边、一面、一方面"、"或者、还是"等,都可以连用两次以上。例如:

①这个孩子<u>又</u>可爱,<u>又</u>聪明,<u>又</u>懂事。

②他<u>一边</u>看小说,<u>一边</u>喝茶,<u>一边</u>听音乐。

③你<u>或者</u>去超市,<u>或者</u>去公园,<u>或者</u>在家看电视。

④你<u>是</u>看新闻节目,<u>还是</u>看电视剧,<u>还是</u>听相声?

(二)分句和分句之间不能用"和"连接。例如:

①他们一面喝咖啡,一面谈话。

×他们一面喝咖啡,和一面谈话。

②我吃完午饭休息一会儿,再去参观。

×我吃完午饭休息一会儿,和再去参观。

(三)有些关联词只能成对使用,如:也……,也……;又……,又……;一边……,一边……;一面……,一面……;不是……,而是……;不是……,就是……;等等。

有些也可以单独使用,如:然后、还、而且,等等。例如:

①我们去医院看了一个病人,<u>然后</u>去参观了一个美术展览。

②我们去医院看了一个病人,<u>还</u>去参观了一个美术展览。

③我们去医院看了一个病人,<u>而且</u>去参观了一个美术展览。

(四)有些关联词语可以成对使用,如"不但……,而且(还/也/又)……"。其中有的不能单独使用,如"不但";有的可以单独使用,如"而且",如果有"还/也/又",也可以不用"而且"。例如:

①不但他喜欢踢足球,而且他儿子也喜欢踢足球。

②(不但)他喜欢踢足球,(而且)他儿子也喜欢踢足球。

×不但他喜欢踢足球,他儿子喜欢踢足球。

(五)有些关联词放在主语前后都可以,如"或者"、"(还)是"、"不是"、"不但"等;有些只能放在主语前边,如"而且"。但是,关联副词则只能放在主语后边,如"先"、"再"、"又"、"也"、"就"等。例如:

①你<u>或者</u>吃饺子,或者吃包子,都行。

②<u>或者</u>你吃饺子,或者我吃饺子,都行。

③你<u>是</u>今天去,还是明天去?

④<u>(还)是</u>你去,还是他去?

⑤他<u>不是</u>律师,<u>而是</u>检察官。
⑥<u>不是</u>我不同意,<u>而是</u>他不同意。
⑦他<u>不是</u>参加民歌比赛,<u>就是</u>参加民族舞蹈比赛。
⑧<u>不是</u>他参加民歌比赛,<u>就是</u>他弟弟参加民歌比赛。
⑨他<u>不但</u>擅长画山水画,<u>而且</u>还擅长吹唢呐。
⑩<u>不但</u>他擅长画山水画,<u>而且</u>他女儿也喜欢画山水画。
⑪我们<u>先</u>把这个电影看完,<u>再</u>去吃晚饭。
　×<u>先</u>我们把这个电影看完,<u>再</u>去吃晚饭。
⑫我<u>要是</u>来晚了,你<u>就</u>替我请一会儿假。
　×我<u>要是</u>来晚了,<u>就</u>你替我请一会儿假。

第二节　偏正复句

一、基础知识

偏正复句的分句和分句有主次的关系。一般的情况,前一分句说明前提、原因、条件或假设等,是偏句;后一分句是主要意思所在,是正句。

下面分别介绍几种常见的偏正复句。

(一)因果关系

1. 前一分句(偏句)提出原因、前提,后一分句(正句)说明结果或推断。例如:

①<u>因为</u>他母亲病了,<u>所以</u>他请了一天假。
②<u>既然</u>你病了,<u>就</u>请假休息吧。

2. 常用的关联词有:因为……,所以……;由于……,……;……,因此……;既然……,就……;等等。

3. 有些复句,原因在后一分句,前一分句却是结果。常用的关联词有:之所以……,是因为……。例如:

她<u>之所以</u>能战胜对手,<u>是因为</u>作了充分准备。

(二)转折关系

1. 后一分句(正句)一般不是前一分句(偏句)所应该引出的结果。例如：

①<u>虽然</u>我们是好朋友，我<u>也</u>不能替他写论文。

②我跟她约好今天九点去颐和园，她<u>却</u>忘了。

③<u>尽管</u>他没学过电脑，<u>但是</u>他很聪明，一学就会。

2. 常用的关联词有：虽然……，但是/可是/不过……；尽管……，但是……；……，却……；等等。

(三)条件关系

1. 前一分句(偏句)是后一分句(正句)的条件。例如：

①<u>只有</u>努力，<u>才</u>可能成功。

②<u>不管</u>你愿意不愿意，<u>都</u>应该这样做。

③<u>只要</u>你把情况说清楚，大家<u>就</u>会理解。

④<u>无论</u>他怎么解释，<u>也</u>得不到大家的谅解。

2. 常用的关联词有：只要……，就……；一……，就……；只有……，才……；不管……，都/也……；不论……，都/也……；无论……，都/也)……；除非……，才……；等等。

(四)目的关系

1. 后一分句(正句)是前一分句(偏句)行动的目的。这个目的又可分为达到目的和避免某种情况发生两类。例如：

①她天天跑步，<u>为的是</u>保持身材。

②我今天必须完成这个任务，<u>好</u>明天跟大家一起秋游。

③我们必须带着足够的现金，<u>以防</u>店里不能刷卡。

2. 常用的关联词有：……，好……；……，为的是……；……，来……；……以便……；……以免……；……以防……；……免得……；……省得……；等等。

3. 有时，前一分句先说出目的，是偏句。常用的关联词有：为了……，……。例如：

<u>为了</u>能考上大学，他寒假也没休息。

(五)假设关系

1. 前一分句(偏句)提出假设条件,后一分句(正句)是根据前边的假设推断出的可能结果。例如:

①如果不早点儿告诉她,她就可能做傻事。

②假使我们这么做,就会打草惊蛇。

2. 常用的关联词有:要是……,就(会/一定)……;如果……,就(会/一定)……;假如……,就(会/一定)……;假使……,就(会/一定)……;等等。

3. 有时,这些成对的关联词也可能只用其中一个,或用其他词语表示。例如:

①(要是)你不给我一个答复,我就不走。

②(假如)你不早告诉她,她可能(就)不会离开这个城市。

(六)让步关系

1. 前一分句(偏句)提出一个极端的情况,后一分句表示即使这样,仍要这么做,不会改变。例如:

①就是她得了绝症,我也要和她结婚。

②即使失败了,我也要做这个实验。

2. 常用的关联词有:就是……,也(还)……;即使……,也(还)……;就算……也……;哪怕……也……;纵使……也……;等等。

(七)取舍关系

1. 在两种情况中权衡利弊得失,选择其中较好的,舍弃较差的。有时两种情况都不太理想,相比之下,还是有一种情况相对好一些。例如:

①与其明天讨论,不如今天就讨论。

②我宁可不出门,也不跟你们去喝酒。

2. 常用的关联词有:宁可……,也不……;宁愿……,也不……;与其……,不如……;等等。

3. 有时,可以省略前一个关联词,只用后一个。例如:

①(与其)明天讨论,不如今天就讨论。

②我(宁可)不出门,也不跟你们去喝酒。

二、教学注意事项

(一)偏正复句的偏句里,关联词常可以省略,意思也很清楚。例如:

①(虽然)他工作很忙,<u>但是</u>每天都回家看望父母。

②他(因为)太忙,<u>所以</u>常常工作到很晚。

③(既然)你没时间,<u>就</u>算了。

(二)分句和分句之间不能用"和"连接。

(三)有些关联词放在主语前后都可以,有些只能放在主语后边;但是,关联副词则只能放在主语后边。

(四)"一……,就……"是联合复句表示承接关系的常用结构,也是偏正复句表示条件关系的常用结构,要注意区别。例如:

①他<u>一</u>办完出国手续,<u>就</u>去你那儿。　　(承接复句)

②他<u>一</u>着急,<u>就</u>脸红。　　　　　　　　(条件复句)

(五)"除非"的用法比较特别,第二个分句不论是肯定的还是否定的,意思都一样。例如:

①<u>除非</u>她不在意这件事,<u>才</u>会同意跟你结婚。

②<u>除非</u>她不在意这件事,<u>否则</u>她<u>不</u>会同意跟你结婚。

第三节　紧缩句

一、基础知识

(一)用单句形式表达复句的内容,就是紧缩句,也可以叫作紧缩复句。常见的结构有:越……越……;非……不……;不……不……;再……也……;不……也……;……就……;……也……;……还……;……再……;等等。例如:

①他<u>越</u>跑<u>越</u>快。　　　　　　　　　　(表示递进关系)

②你<u>越</u>唱他们<u>越</u>高兴。　　　　　　　(表示递进关系)

③她非买这个项链不可。　　　　　　（表示强调）

④这个问题不说我不明白。　　　　　（表示假设关系）

⑤你不愿意去也得去。　　　　　　　（表示假设关系）

⑥你有什么事就直说吧。　　　　　　（表示假设关系）

⑦我饿死也不吃你的东西。　　　　　（表示让步关系）

⑧我们再穷也不能偷东西啊。　　　　（表示让步关系）

⑨钱用完了再跟我要吧。　　　　　　（表示承接关系）

⑩他病成这样了还不去医院。　　　　（表示转折关系）

(二) 有时不用关联词语,也可以表示复句的意思。例如:

①他病了请假。　　　　　　　　　　（表示因果关系）

②我说你们写。　　　　　　　　　　（表示承接关系）

③他来我就走。　　　　　　　　　　（表示假设关系）

二、教学注意事项

(一) 紧缩句不必单独教,遇到时只要把意思弄清楚就可以了。

(二) 紧缩句中可以有一个主语,也可以有两个主语。

练　习

1. 复句和单句最大的不同是什么?

2. 复句一般可以分为哪两大类?这两大类的根本区别在哪里?

3. 联合复句的主要特点是什么?偏正复句呢?

4. 常见的联合复句有哪几类?请各举一个例子。

5. 承接关系和递进关系的联合复句有什么区别?

6. "不是……,而是……"和"不是……,就是……"同属并列复句吗?

7. 常见的偏正复句有哪几类?请各举一个例子。

8. 所有的偏正复句都是偏句在前边吗?有没有偏句在后边的例子?

9. 条件关系和假设关系的偏正复句有什么区别?

10. 假设关系和让步关系的偏正复句有什么不同?

11. 联合复句中的选择关系和偏正复句中的取舍关系有什么异同?

12. 什么是紧缩句?请举两个例子。

13. 你准备怎么教《汉语教程》(修订本)第二册(上)第二课的"不但……,而且……"?请写出来。

第十章 教案举例

第一节 概　　述

一、制订教学进度表

这里以现行的北京语言大学出版社 2006 年 9 月出版的《汉语教程》(修订本)为例。

确定了使用的教材，教师接到上课任务后，首先要对一学年的课作通盘考虑，熟悉教材，根据编者的建议、每课内容的难易和量的大小安排进度，制订出一学年的教学进度表。

《汉语教程》(修订本)的编者在"前言"中建议：第一册分上、下两册，共 30 课，第一至二十五课每课 2 学时(每学时 50 分钟)，第二十六至三十课每课 4 学时，总共 70 学时。第二册分上、下两册，共 20 课，每课 4 学时，总共 80 学时。第一、二册可供一个学期使用。

由于每课教学内容都比较多，又没有专门的复习课，所以要增加阶段复习和测验的时间。设计如下：

第一册(上)第九课之后，设 2 天 4 学时的语音总复习和测验；学完第十至十五课，设 2 天 4 学时的第一册(上)阶段复习和测验。共需 38 学时。

第一册(下)学完第二十课、第二十五课，各设 1 天 2 学时的复习和测验；学完第二十八课，设 1 天 2 学时的复习和测验；第三十课结束时，用 3 天 6 学时复习第一册(上、下)，用 2 天 4 学时进行期中考试。共需 56 课时。

第一册(上、下)总共 94 学时。

第二册(上)学完第四课、第七课,各设 1 天 2 学时的复习和测验;学完第十课,设 2 天 4 学时的阶段复习和测验。共需 48 学时。

第二册(下)学完第十四课、第十七课,各设 1 天 2 学时进行复习、测验。第二册(下)共需 44 学时。

第二册(上、下)总共 92 学时。

这样,除了期末复习考试时间,共需 186 学时。如果一个学期有 20 周实际教学时间,每周有 5 天上课,共有 200 学时。

期末复习、考试:可用 5 天 10 学时作为复习,4 学时作为笔试、口试之用。

第三册也分上、下册,共 26 课,每课 6~7 课时,总共约 182 学时。可供一个学期使用。关于教学进度,设计如下:

上册:学完第四课、第八课,各设 1 天 2 学时复习、测验。学完上册,用 2 天 4 学时进行阶段复习和期中考试。

下册:学完第十七课、第二十一课,各设 1 天 2 学时复习、测验。学完下册,用 3 天 6 学时进行复习、期末考试。

一个学期总共 200 学时。

根据以上的设想,要按照校历的具体日期排出进度表。当然,还要根据具体教学情况,作灵活调整。

二、精心设计教案

有了教学进度表,就要考虑如何上好每一节课的问题了。

教师每上一节课,都应该在熟悉教材内容的基础上认真备课,首先要对所教内容进行精心设计,写出教案。新教师特别要考虑得细致周到些,把可能发生的情况估计得多一些。

所谓细致周到,包括在课堂教学中,怎么做到生词、课文、语法教学上的环环相扣,怎么精讲多练,怎么照顾大多数,怎么点面结合,怎么抓两头带中间,怎么让全班学生得到的训练机会均等,以及怎么加强互动(含师生之间的互动、学生之间的互动),怎么把主动的正面训练和启发学生理解并把句子说正确结合起来,包括设计板书等等方面。还包括如何调动学生的积极性,如何启发引导学生改正错误并说出正确的答句,以及特定问题问什么样的学生,等等。也就是说,要把上面所说的教学原则体现在教案中。

每位教师都有自己的考虑和风格;只要是把教学内容循序渐进地教给学生,经过课堂训练,尽可能使学生在听懂、能说的基础上,还能认读、写对,就算完成了任务。在教学方法方面,既要让学生熟悉教师相对固定的教学方式,又要丰富多样,对教学重点按一定的顺序进行训练。为了提高课堂教学效率,要采取多种具体方法,包括建立轮流训练的秩序。(做法是:教师可以按照学生座位的顺序依次提问,先问一个学生,该生回答后,让该生问旁边的学生,教师用手势或目光示意让旁边的学生回答;问完一排再问第二排。依此类推,务使每个学生都有同样的机会得到练习。经过几次这样的训练,就可以逐步形成一套轮流训练的秩序了。而且根据具体情况可以从任何一个学生开始。)这样,教师的一个手势、一个眼神,就能让学生很快领会教师的意图。当然,这也是要经过训练的。教师在说话时,每一个句子、每一个词的发音都要很清楚,这不只是一种师生的思想交流,而且也是对学生进行听力训练。教师要尽量突出本课的语法句型,有意识地使用学过的词语和语法句型。不但要学生懂得教师的意图,还要训练学生怎么提问和回答。另外,如果教材的内容太多,更需要充分、有效地利用课堂教学时间,有时还要对教材内容有所取舍。

教师,特别是新教师,要做有心人,应该注意总结每节课的教学体会和心得,比如什么教学方法适合本班学生,什么方法不太适合;不同学生的主要难点是什么,怎么加强训练;不同学生的理解力、接受程度有什么差别;等等。对欧美学生不宜强调背诵要求,但要加强音调训练;而对日韩学生则要加强听说训练,而不用在汉字书写上花太多工夫。总之,每次教完课,都要简单写一些课后小记。

本章将提出一些课的教案设想。教案本来是一个教师有一个教师的写法,实际教学时还要根据教材内容和学生具体情况灵活掌握。我们在编写参考教案的过程中,发现有的课生词、课文的多少和语法分配不很均匀;有的生词没包括在当课的生词表、或书后的词汇表里;有的生词本来有几个词性或义项,但前面课文中只出现了一个义项,而后面出现另外一个义项时,却没有出生词。这些都会造成循环复习的困扰和一些意想不到的麻烦。

所以,这里提供的只能是举例性质,仅供参考而已。在参考时,一定要仔细,并结合具体教学情况取舍增删,妥善处理。

我们编写了四课参考教案,可供7天每天2学时使用。选课的目录和出发点见下表:

序　号	教学内容	语　法	学　时	备　注
教案举例之一	第一册(上)第十课《他住哪儿》	语序、动词谓语句等	2学时	这是第一次讲语法的课
教案举例之二	第一册(下)第二十六课《田芳去哪儿了》	语气助词"了"等	4学时	这是第一次计划上两天的课
教案举例之三	第二册(上)第九课《钥匙忘拔下来了》	复合趋向补语	4学时	复合趋向补语是外国学生的难点
教案举例之四	第二册(下)第十二课《为什么把"福"字倒着贴在门上》	"把"字句(1)	4学时	"把"字句是外国学生的难点

各课教案后边附上该课教材全部内容,可供对照参考。

以语法教学为主的教案一般包含以下几项:

Ⅰ.教学内容:使用教材名称,第几课及题目。

Ⅱ.教学目的:通过生词和课文的训练,教会学生掌握该课的主要语法句型。

Ⅲ.教学时间:每天2学时,100分钟。

Ⅳ.教学设计

一、教学时间

1. 一天(2学时)的课一般教学顺序:复习前一课(要有计划地经常复习巩固已学过的教学内容,循环复习,温故知新。)——讲练本课的生词、课文、语法——布置作业——预习新课。

2. 两天(4学时)的课:第一天只根据课文小结主要的语法,进行替换练习;第二天集中讲练语法。

二、主要教学方法——以归纳法为主,就是在大量语言材料的训练之后画龙点睛,指出要求学生掌握的关键点。具体地说,就是在生词教学的基础上逐句教练课文;在教练课文的过程中,重点训练主要的语法句型。为了便于训练,还要建立轮流训练的秩序。

三、基本教学思路——贯彻相对的直接教学法,坚持用汉语教汉语的原则,除了教材中已有生词、注释、语法等的译文以外,必要时课堂上也不绝对排斥必要的翻译;努力做到听、说领先,读、写跟上。

Ⅴ.具体教学步骤和内容。

Ⅵ.板书设计:写什么,写在那儿。(基本原则是把需要保留的板书写在适当的位置,而不需要保留的板书可以随写随擦。)

Ⅶ.教具准备:实物、图片、环境等。

Ⅷ.课后小记:记下哪些做法有效,哪些做法不合适;时间分配是否合适;教学任务完成得如何;学生有何反应;以后应该注意什么问题;等等。

第二节 教案举例之一

Ⅰ.教学内容:第一册(上)第十课《他住哪儿》——以语法教学为主的第一课

Ⅱ.教学目的:小结语音测验的成绩和问题;通过生词和课文的训练,教会学生掌握汉语句子的语序、单宾语动词谓语句。

Ⅲ.教学时间:根据《前言》建议,每课2学时,100分钟。

Ⅳ.基本教学设计:

一、教学顺序:复习语音——第十课生词——课文——语法句型——练习——布置下次课应交的作业——预习第十一课生词。

二、主要教学方法:在生词教学的基础上逐句教练课文;在教练课文的过程中,重点训练主要句型。建立轮流训练的秩序。

三、基本教学思路:贯彻相对的直接教学法、坚持用汉语教汉语的原则,听、说领先,读、写跟上。

Ⅴ.具体教学步骤和内容如下:

一、复习:针对语音测验中出现的主要问题进行(内容略)——约15分钟
二、生词教学(在预习的基础上进行,要求准备听写)——约20分钟
(一)学生齐读一遍。
(二)领读,并利用已学词语连词组(本教案中提供的词组也许还能增加,也可以删减,根据学生情况取舍);可以师生互动(适当地让学生用学过的词语连词组。下同)。

办公室　办公
职员　营业员
找:找谁　找人　找老师　找朋友　找职员　找书　找杂志　找钱
　　找工作(可以让学生提出宾语,下同)
在:在哪儿　在办公室　在图书馆　在食堂　在学校　在邮局　在银
　　行　在中国　在北京　在王老师的办公室　在学校的图书馆
家:在家　回家　我的家　老师的家
呢:在家呢　在办公室呢　在天安门呢　在老师那儿呢
住:住哪儿　住学校　住王老师的家　住他们的家　住朋友那儿
楼:几楼　一楼　二楼　三楼　十二楼　在十五楼　住十八楼　办公
　　楼　图书馆楼
门:几门　一门　二门　七门　大门　校门
房间:我的房间　我朋友的房间　大房间
号:房间号　房间号是多少　房间号是六零幺(示意:601可能听成607)
知道:知道房间号吗　不知道　你知道吗　我知道
电话:电话　中国话　日本话　俄国话
号码:电话号码　房间号码
零:一零一　幺零幺　幺二零
手机:手机号　手机号码　找手机　买手机
　　手　我的手　你的手　大手
(专名)李昌浩
(三)听写汉字
说明:教材"前言"中没提汉字的问题;而课后的"写汉字"练习部分,有

的生字没包括,比如:找、职、房、间、码、零。这在预习生词的时候要提醒学生练习。有的生字要告诉学生怎么写,比如"找"和"我"的区别,"零"是由"雨"和"令"两部分构成的,而"令"和"今"是不同的。

1. 让1~2人上黑板写在指定地方。一共23个汉字,预计5分钟听写完。

(1) 他住哪儿？住十八楼。　　(2) 在办公室。

(3) 知道电话号码。　　　　　(4) 手机在家呢。

2. 师生共同对黑板上的字进行检查,纠正错字。

三、课文教学——约45分钟

(一)擦去黑板上的字,只留下 他住哪儿？ ,并领读数遍。

(二)逐句领读、训练:

1. 领读第1~2句。重点句型是:你找谁？学生轮流说。

问:"你"是谁？学生齐答。

(带引号的句子都是重点句型,要重点训练)

2. 领读第3句。重点句型是:王老师在吗？学生轮流说(起始人可以换)。

问:(重点句型)李昌浩找谁？

答:他找王老师。学生轮流问答。

3. 领读第4句。重点句型是:他在家呢。

问:(重点句型)"他在哪儿？"学生齐答。学生轮流问答。

4. 领读5~6句。学生轮流问答。(注意"601"的读法)

5. 全班分两组朗读课文的前6句。

问个别人: 他找谁？王老师在哪儿？他住哪儿？

板书三个问句。

6. 领读7~8句。学生先分组问答,再轮流问答。

7. 领读9~12句。(不作重点训练)

四、利用板书分析语法——约10分钟

(一)指出主语:他、王老师、他。(板书:Zhǔyǔ——领读2~3遍)

(二)指出谓语动词:找、在、住。主语在动词的前边、左边。

(板书:Wèiyǔ——领读2~3遍)

(三)指出宾语:谁、哪儿、哪儿。宾语在动词的后边、右边。

(板书:Bīnyǔ——领读2~3遍)

(让学生自己回去看注释和语法)

五、师生齐读练习中"1语音"部分的(1)(2)(3)(4)——约5分钟

(1)注意:韵母 u,e;送气音 t,k,q。

(2)注意:儿化时要自然卷舌,特别是韵尾是 -n 的时候更要自然。

(3)注意:"一"在四声字前边,一定变为第二声。

(4)关键是要把轻声音节前边的重读音节读好。

六、预习第 11 课生词:领读——2 分钟

七、布置课后作业——3 分钟

(一)熟读课文(至少 3 遍)

(二)练习:

1. 练习 1——朗读语音(5)(6)(7)

2. 练习 2——认读汉字

3. 练习 3——回答问题(用拼音写在书上)

4. 练习 4——成段表达:朗读,准备明天复述;并抄写一遍,明天交来。

5. 其他练习,如写汉字,自己做。

(三)朗读第十一课生词,记生词,写汉字。准备听写。

Ⅵ. 板书设计(略)

Ⅶ. 教具准备(略)

Ⅷ. 课后小记(略)

附:《汉语教程》(修订本)第一册(上)第十课《他住哪儿》

第十课　他住哪儿

一、课文 Kèwén　Text

李　昌浩: 请问,这是 办公室 吗?
Lǐ Chānghào: Qǐngwèn, zhè shì bàngōngshì ma?

职　员: 是。你找 谁?
zhíyuán: Shì. Nǐ zhǎo shéi?

李　昌浩：	王　老师 在吗？我 是 他的　学生。
Lǐ Chānghào：	Wáng lǎoshī zài ma? Wǒ shì tā de xuésheng.
职　员：	他 不 在。他 在 家 呢。
zhíyuán：	Tā bú zài. Tā zài jiā ne.
李　昌浩：	他 住 哪儿？
Lǐ Chānghào：	Tā zhù nǎr?
职　员：	他 住 十八 楼 一 门，房间 号 是 ６０１。
zhíyuán：	Tā zhù shíbā lóu yī mén, fángjiān hào shì liù líng yāo.
李　昌浩：	您 知道 他的　电话 号码 吗？
Lǐ Chānghào：	Nín zhīdào tā de diànhuà hàomǎ ma?
职　员：	知道，６２９３１０７４。
zhíyuán：	Zhīdào, liù èr jiǔ sān yāo líng qī sì.
李　昌浩：	他的 手机 号码 是 多少？
Lǐ Chānghào：	Tā de shǒujī hàomǎ shì duōshao?
职　员：	不 知道。
zhíyuán：	Bù zhīdào.
李　昌浩：	谢谢 您。
Lǐ Chānghào：	Xièxie nín.
职　员：	不 客气。
zhíyuán：	Bú kèqi.

二、生词 Shēngcí ● New Words

1.	办公室	（名）	bàngōngshì	office
	办公	（动）	bàngōng	to work (in an office)
2.	职员	（名）	zhíyuán	employee; office worker
3.	找	（动）	zhǎo	to look for
4.	在	（动、介）	zài	to be in/at; in; at
5.	家	（名、量）	jiā	home; (a classifier for a family, company, shop, etc.)
6.	呢	（助）	ne	(a modal particle used at the end of a declarative sentence to indicate the continuation of an action or situation)
7.	住	（动）	zhù	to live
8.	楼	（名）	lóu	building
9.	门	（名）	mén	door; gate
10.	房间	（名）	fángjiān	room
11.	号	（名）	hào	number
12.	知道	（动）	zhīdào	to know
13.	电话	（名）	diànhuà	telephone

	电	（名）	diàn	electricity
	话	（名）	huà	words; speech
14.	号码	（名）	hàomǎ	number
15.	零(〇)	（数）	líng	zero
16.	手机	（名）	shǒujī	mobile phone
	手	（名）	shǒu	hand

专名 Zhuānmíng **Proper Name**

李昌浩　　　Lǐ Chānghào　　　Lee Changho(name of a Korean)

三、注释 Zhùshì ● Notes

(一) 请问　Excuse me.

向别人询问事情时常说"请问,……?"

When we ask a stranger about something, we usually begin with"请问,……?"

(二) 他在家呢。　He is at home.

"呢"用在陈述句尾,表示肯定的语气以确认事实。

"呢"is used at the tail of an indicative sentence to express an affirmative tone about a fact.

(三) 您　you

是人称代词"你"的敬称:老师,您好。

A term of respect the pronoun "你", e. g. "老师,您好。"

(四) "0"　zero

汉语读"líng",汉字写作"零(〇)"。

In Chinese this is pronounced as "líng", and written as 零(〇).

四、语法 Yǔfǎ ● Grammar

(一) 汉语句子的语序

汉语没有严格意义上的形态变化,语序是汉语的主要语法手段。

汉语的句子由主语、谓语、宾语、定语、状语、补语等六种成分组成。语序一般是主语在前,谓语在后。谓语的主要成分为动词,宾语是动词的连带成分,状语修饰动词或形容词,补语跟在动词或形容词后边,补充说明动词或形容词,定语放在名词性主语和宾语的前边,起修饰作用。例如:

There are no morphological changes in the strict sense in Chinese; the word order is the main grammatical constituent of the language.

Chinese sentences are made up of six elements: subject, predicate, object, attributive, adverbial and complement. The grammatical order of a sentence is, normally, that a subject precedes a predicate. The predicate is usually a verb. An object is an element attached to the predicate. An adverbial modifies a verb or adjective. A complement normally follows a verb or an adjective and further illustrates the verb or the adjective. An attributive is placed before a nominal noun and an object, functioning as a modifier. For example：

主语(s)	谓语(P)		
定＋名	动(V)＋宾(O) ／ 形		
	状语＋动＋补＋定＋宾(O) ／ 形		
我朋友	下午	去	银行。
我		换	人民币。
汉语	不太		难。

(二)动词谓语句　The sentence with a verb as its predicate

动词作谓语主要成分的句子叫动词谓语句。语序是：

A sentence with a verb as its predicate is one in which the verb is the main element of the predicate. The grammatical order is：

主语　＋　谓语(动词)　＋　宾语
Subject　＋　Predicate(Verb)　＋　Object

(1)我学习汉语。　　　　　　　(2)她吃米饭。
(3)王老师住十八楼。　　　　　(4)我不去图书馆。

(三) 号码的读法　How to read numbers

号码中的数字为基数词的读法,不管有多少位数字,都要一个一个地读出数字。例如：电话号、门牌号、护照号、汽车号等。

In reading a cardinal number, no matter how many digits there are, they are read out one by one. For example, telephone numbers, house numbers, passport numbers, car numbers, etc.

```
6    2    3    1    0    8    9    4
liù  èr   sān  yāo  líng bā   jiǔ  sì

18      楼     4     门     8    号
shíbā   lóu   sì    mén   bā   hào
```

1. 号码中的"一"常常读作"yāo"。例如：

   "一" is often read as "yāo", e. g.

   181号　⟶　yāo bā yāo hào

2. 号码中"二"要读作"èr",不能读成"liǎng"。例如：

"二" is read as "èr", and cannot be read as "liǎng", e. g.

212 号 ⟶ èr yāo èr hào

3. 相同的数字要分别读出。例如：

Identical numbers are read out one by one, e. g.

6 6 0 0 4 1 1 2 号 ⟶ liù liù líng líng sì yāo yāo èr hào

询问号码要说："几号？"或者"……号码儿是多少？"例如：

When inquiring about numbers, we say "几号" or "…号码儿是多少？"

Nǐ zhù jǐ hào?

Nǐ de diànhuà hàomǎ shì duōshao?

五、练习 Liànxí ● Exercises

1. 语音 Phonetics

(1) 辨音辨调　Pronunciations and tones

dú shū	túshū	jiè shū	xiě shū
qiāo mén	jiào rén	bù kě	bǔ kè
kèqi	kěqì	búguò	bù guò

(2) 儿化韵　The retroflex syllables

| yìdiǎnr | yíxiàr | chàdiǎnr | yǒudiǎnr |
| zhù nǎr | zhù zhèr | pángbiānr | hǎo diǎnr |

(3) "一"的变调　The modulations of "一"

| yì zhī | yì bāo | yì bǎ | yì wǎn |
| yí kè | yí jiàn | yí cì | yí piàn |

(4) 轻声　The neutral tone

bízi	sǎngzi	dùzi	kùzi	qúnzi	bèizi	běnzi
lèi ma	lèi la	è ma	è le	kě ma	kě le	lěng le
dǒng le	xiǎo le	shǎo le	duō le	pǎo le	kū le	xiào le

(5) 三声变调　The modulations of the 3rd tone

qǐng hē	nǐ tīng	kěnéng	hěn téng
hǎo lěng	hǎo dǒng	měihǎo	shǒubiǎo
hěn dà	kěpà	hěn màn	hǎokàn

(6) 多音节连读　Multisyllablic liaison

jì shēngcí	xiě Hànzì	dú kèwén
tīng lùyīn	tīng yīnyuè	zuò liànxí
qù shāngdiàn	mǎi dōngxi	kàn diànyǐng
kàn diànshì	dǎ wǎngqiú	tī zúqiú

(7) 声调搭配　Collocations of tones

xiānsheng　　gūniang　　gānjìng　　qīngchu

shénme	shíhou	liángkuai	míngzi
nǐmen	wǒmen	zǎoshang	wǎnshang
zhège	dìfang	zhème	piàoliang

2. 认读 Read and learn

找老师	找同学	找朋友	找书	找食堂
在家	在学校	在食堂	在八楼	在办公室
我知道	你知道	他知道	不知道	知道吗

3. 回答问题 Answer the following questions

(1) Nǐ shì liúxuéshēng ma?

(2) Nǐ xuéxí shénme?

(3) Nǐ zhù nǎr?

(4) Nǐ zhù duōshao hào?

(5) Nǐ de shǒujī hàomǎ shì duōshao?

4. 成段表达 Express yourself

　　我去办公室找王老师,办公室的老师说,王老师不在,他在家呢。王老师住18楼1门601号,他家的电话是62931074。

5. 写汉字 Learn to write

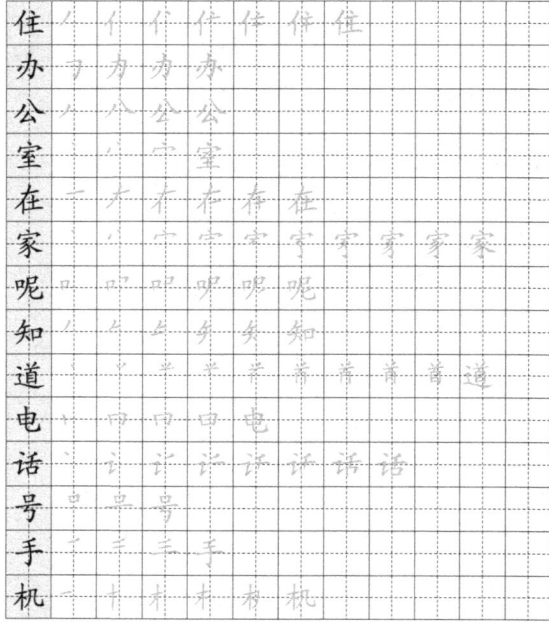

常用电话号码	Some useful telephone numbers	
查号台：114 Directory inquiries	匪警电话：110 Police	天气预报：121 Weather
火警电话：119 Fire	急救电话：120 First aid	

第三节　教案举例之二

第1～2学时

Ⅰ．教学内容：第一册（下）第二十六课《田芳去哪儿了》（1）

Ⅱ．教学目的：复习、巩固以前所学内容；通过生词和课文的训练，教会学生掌握汉语的语气助词"了"和"再、又"。

Ⅲ．教学时间：4学时，200分钟。（两天完成）

第一天2学时，100分钟

说明：这是第一次需要分两天教的课，怎样分？一般可以有两种分法：

1. 把生词和课文都一分为二，但是语法和练习部分不容易划分，所以不采取。

2. 第二种分法比较简单。也就是，第一天先教生词、课文、简单的语法小结和替换练习；第二天复习生词、课文，进一步讲练语法，处理练习部分。

Ⅳ．第一天基本的教学设计：

一、教学顺序：小结二十五课后的复习、测验情况（见本章第二节制订教学进度表）——二十六课生词——课文——小结语法——替换练习——布置作业

要求准备语法和练习部分。

二、主要教学方法：同前。继续发挥轮流训练的作用。

三、基本教学思路：用汉语教汉语；听、说领先，读、写跟上。

Ⅴ．具体教学步骤和内容如下：

一、复习巩固：根据二十一至二十五课测验中出现的难点进行（略）——

约15分钟

二、二十六课生词和课文(一)"田芳去哪儿了"——约25分钟

(一)领读生词1～6,连词组或连句子:

喂:喂,哪位?(做打电话的手势,说明只有打电话时用)

阿姨:(称呼同学的妈妈、与妈妈同辈的女性)

中学:中学老师 中学同学 弟弟在中学学习 他们中学也有汉语课

出国:出国留学 出国工作 出 出来 出去

打:打电话 打手机

关机:关机了 他关机了 关 关门 关灯(用实际动作表示)
　　　关电脑 关电视

(二)学生齐读生词1～6。

(三)课文(一)

做法:师生齐读后提问。提问过程中,一个学生不能回答时,可以让第二个学生学说老师提的问题,再让第一个学生回答;如果还不能回答,就让第三个学生回答。

(这样做的目的是:一避免等着、冷场,二要给学生思考的时间,三要学生学说问题,增加学生练习的机会。)

1. 第一组对话,提问:

　　(1)谁找田芳?她在吗?

　　(2)田芳的妈妈认识张东吗?

2. 第二组对话,提问:

　　(3)阿姨是谁?

　　(4)田芳去哪儿了?她几点去的?

　　(5)田芳的一个中学同学要去哪儿?

　　(6)田芳为什么要去那位中学同学家?

3. 第三、四组对话,提问:

　　(7)田芳说什么时候回来了吗?

　　(8)张东给田芳打手机了没有?

　　(9)田芳妈为什么让他过一会儿再打电话?

4. 第五组对话,提问:

    (10)张东又打电话了吗?

    (11)这次田芳回来了吗?

(四)学生分两组朗读对话;板书课文题目: 田芳去哪儿了

三、生词和课文(二)《他又来电话了》——约35分钟

(一)领读生词7~25,尽量结合课文内容和学过的词语连词组或连句子:

对了:(忽然想起什么要说时用)

忘:忘了 忘了打电话了 我忘了 我们都忘了打电话了 忘了带笔了 忘了带钱了

开机:忘了开机了 你开机了吗 我开机了

开:开门 开灯(用实际动作表示) 开电视(注意:不能说"开书")

又:昨天她来了,今天又来了 上午打了一个电话,下午又打了一个电话

响:手机响了 电话又响了

接:接电话 去接朋友 接代表 接青年代表团 到楼下接妈妈

踢:踢球 踢足球 踢东西

比赛:足球比赛 篮球比赛 汉语节目比赛

队:代表队 留学生代表队 学校代表队 篮球队 足球队 男队 女队

输:输了 他们队输了 踢输了

赢:赢了 他们班赢了 这次足球比赛我们队赢了

比:他们几比几 二比一

祝贺:祝贺你 祝贺你们赢了 祝贺你考了第一名

哎:哎,你有什么事

上:上电脑班 上翻译班 上汉语课 上语法课 上中学 上大学

托福:上托福班 托福考试

已经:已经上课了 已经报名了 已经比赛了 已经输了 已经毕业了 已经看见 已经记住 已经打开 已经关机

考:考托福　考汉语　考大学

陪:我陪你　我陪你去报名　你陪她去商店　她陪你去买橘子

(二)学生齐读生词7～25。

(三)课文(二)分三大段进行

1. 师生齐读第一段(3组对话)("田芳接电话"以前),提问:

 (1)田芳回来以后,田芳妈告诉张东打电话找她了吗?

 (2)张东在电话里跟田芳妈说什么了? 田芳是不是忘了开机了?

 (3)她们说话的时候,什么又响了? 田芳妈让谁去接电话?

2. 师生齐读第二段(4组对话)("二比一"以前),提问:

 (4)谁给谁打电话呢?

 (5)张东问田芳下午为什么关机,田芳怎么回答的?

 (6)张东下午做什么了? (他是不是去踢足球了?)

 (7)张东他们队跟哪个代表队比赛足球了?

 (8)为什么田芳说"你们队又输了吧"?

 (9)这次张东他们队输了还是赢了? 几比几?

3. 师生齐读最后一段(2组对话),提问:

 (10)田芳为什么祝贺他们?

 (11)张东想问田芳什么事?

 (12)田芳已经报名上什么班了?

 (13)张东也想考托福吗?

 (14)张东明天要去做什么? 田芳明天要去做什么?

(四)学生分两组朗读对话。板书课文题目:他又来电话了

四、利用板书小结语法——约5分钟

(一)引导学生分析课文(一)的题目中的句末,有一个表示肯定动作完成的语气助词"了"。

(二)引导学生分析课文(二)的题目中的副词"又"表示动作已经重复;句末的"了"也是表示肯定动作完成的语气助词。

五、做练习2:替换(1)～(4)——约15分钟

(一)做法:学生轮流问答,替换。

1. 板书:……了
2. 板书:……了没有?
3. 板书:已经……了
4. 板书:做什么了?

(二)要求学生记住这四种句型。

六、师生齐读"练习"中"1.语音"的"(3)朗读"汉字词组——约2分钟

七、布置作业——约3分钟

(一)熟读课文(一)、(二),写出150～200字的介绍,准备第二天讲述。

(二)练习:

1. 练习7——把正确的句子写在本子上,明天交来。
2. 练习5——写在书上。
3. 练习8——选出正确答案。

(三)看本课语法的英文翻译。

(四)收作业本。

Ⅵ.板书设计(略)

Ⅶ.教具准备(略)

Ⅷ.课后小记(略)

第3～4学时

Ⅰ.教学内容:第一册(下)第二十六课《田芳去哪儿了》(2)

Ⅱ.教学目的:复习巩固本课生词、课文和语法(语气助词"了"和"再、又")。

Ⅲ.教学时间:2学时,100分钟。

Ⅳ.第二天基本的教学设计:

一、教学顺序:检查作业(介绍课文内容;听写课文中的句子)——语法句型——其他练习——读后说——预习——布置作业。

二、主要教学方法:师生互动,继续发挥轮流训练的作用。

三、基本教学思路:用汉语教汉语;听、说领先,读、写跟上;特别要加强快速反应能力的训练。

Ⅴ.具体教学步骤和内容如下:

一、复习——约35分钟

(一)学生介绍本课课文内容(可以看着自己写的介绍)

做法:1.问谁愿意先说,鼓励勇敢者;注意让好、中、差的人都说说,特别要让不太敢说的学生说。

2. 估计可以有5~6个人介绍;要求听的人提问题。

3. 一人说了一半,也可以让别人接着说。

4. 最后老师小结,肯定成绩,指出努力方向。

(二)听写句子

1. 做法:

(1)2人上黑板写在指定的地方。

(2)逐句听写。每句先念一遍,学生听;然后念3遍,学生写。

(3)最后把句子再念一遍,全班学生检查。

(4)师生共同检查黑板上的句子,让听写的学生上黑板改正错字;学生标出自己写错的字,并改正。

2. 听写的句子(共59字,重复的字有15个。要求7分钟听写完):

(1)他来电话找你,说打你的手机,你关机了。(16字)

(2)电话又响了,你去接吧。(9字)

(3)我们跟留学生代表队比赛足球了,这次我们赢了。(20字)

(4)他要考托福,已经报名上托福班了。(14字)

(三)收作业本

二、讲练语法——约20分钟

(一)语法(一)语气助词"了"(1)

1. 由学生轮流按照"朗读例句——提问——否定式回答"的顺序进行练习。老师示范后,让学生从第一句开始。

2. 例句1:

读:安娜跟外贸代表团去上海了。

问:安娜跟谁去上海了?/安娜跟外贸代表团去哪儿了?/安娜跟外贸代表团去上海了没有?

答:安娜跟外贸代表团去上海了。/安娜跟外贸代表团去上海了。/安娜没有跟外贸代表团去上海。

3. (备用问题)例句 2:田芳的手机关了吗?——田芳的手机没关。/田芳没关机。谁的手机关了?

4. 例句 3:他已经睡了吗?——他还没睡呢。(叫他吗?)

5. 例句 4:她今年二十几(岁)了?/她今年 20 岁了吗?——她还没 20 岁呢。

6. 例句 5:饭好了吗?——饭还没好呢。/可以吃饭了吗?——还不能吃(饭)呢。

(二)简单小结一下语气助词"了"(1):结合黑板上听写的第一个句子,指出:

1. 已经发生的事,要在句末用助词"了"。
2. 否定式用"没(有)",不用"了"。
3. 提问时,可以在句末加"吗"或者"……(了)没有"。
4. 对要做还没做的事,用"还没(有)……呢"。
5. 学生朗读"语法(一)"的其他例句,以加深印象。

(三)语法(二)"再"和"又"——学生逐一读例句后,提问:

    1. 今天他去看她了没有? 明天还要再去吗?

    2. 他上午来了没有? 下午他来了没有?

    3. 他昨天来看你了没有? 今天又来了没有?

    4. 她昨天来上课了没有? 今天来上课了没有?

结合黑板上听写的第二个句子,说明已经做了一次,要做第二次时,就用"再";如果做了第二次,就用"又"。

三、做练习 3、4——约 15 分钟

做法:学生边看边做,训练他们的快速反应能力(答案备用)。

1. 练习 3:选词填空

(1)踢 (2)出国 (3)又 (4)接 (5)操场 (6)比赛 (7)已经 (8)考

2. 练习 4:用"还没(有)……呢"回答问题

    (1)她还没回家呢。

(2)我还没吃晚饭呢。

(3)我还没做作业呢。

(4)我还没看这个电影呢。

(5)我还没给妈妈打电话呢。

(6)我还没买今天的晚报呢。

四、做练习5——约8分钟

做法:学生轮流按照自己准备的念出全句(答案备用)。

A. 不　没有

(1)(6)(7)——不

(2)(5)——没(有)

(3)(4)——没,不

※建议不做(8)——("常不常":一般不这么说)不常。

B. 再　又

(1)(7)——又

其他——再(用"又"只有两句,太少了!"又"应该是本课重点,必要时,应该加几个用"又"的问句,以便加深印象。)

五、练习9:读后说——约15分钟

做法:

1. 领读补充生词(11个),每个连读2遍。

2. 学生限时阅读后回答问题(345字,5分钟看完)。

3. 老师提问(有的可以问全班,有的可以问个别人):

(1)她和江苹是中学同学吗?(问全班)

(2)为什么老师和同学们都喜欢江苹?(先问全班,后问个人)

(3)江苹参加了一个什么考试?(问个别人)

(4)"得了满分"是什么意思?有几个人得了满分?(问:谁来回答?)

(5)江苹用什么钱去外国上大学?

(6)她家离江苹家远不远?她从家里出发,路上走了多少时间?

("才"是后边二十八课的生词。见181页第20个生词)

(7)他们班的同学都去给谁送行了?

(8)他们班的同学跟江苹见面了没有?他们见面以后高兴吗?

("热情"、"地(de)"都是生词;"好久不见了"也可以说成"好久没见了";句末的"了"表示肯定的语气)

(9)他们说"再见"的时候,谁哭了?

(10)她知道什么时候能跟江苹再见面吗?

六、做练习6:完成会话(1)~(6)——约7分钟

七、预习:领读第二十七课生词——约3分钟

八、布置作业——约2分钟

(一)用"了"造句。板书:忘、又、接、比赛、已经。(每个词造一个句子)

(二)分两组准备第二十七课课文,每人写出3个问题,第二天上课时互相问答。

一组准备课文(一)《你怎么了》,一组准备课文(二)《玛丽哭了》。

(三)看下一课注释的英文翻译。

(四)收作业本。

Ⅵ.板书设计(略)

Ⅶ.教具准备(略)

Ⅷ.课后小记(略)

附:《汉语教程》(修订本)第一册(下)第二十六课《田芳去哪儿了》

第二十六课　田芳去哪儿了

一、课文 Kèwén ● Text

(一) 田芳去哪儿了

(张东打电话找田芳)

张　东:　喂!是田芳吗?
Zhāng Dōng: Wèi! Shì Tián Fāng ma?

田芳妈:　田芳不在。是张东吧。
Tián Fāng mā: Tián Fāng bú zài. Shì Zhāng Dōng ba.

张　东：　阿姨，您好！田　芳　去哪儿了？
Zhāng Dōng:　Āyí,　nín hǎo! Tián Fāng qù nǎr　le?

田　芳妈：　她四点　多就去　同学　家了。她的一个　中学　同学　要　出国，她去
Tián Fāng mā:　Tā sì diǎn duō jiù qù tóngxué jiā le. Tā de yí ge zhōngxué tóngxué yào chū guó, tā qù
　　　　　　　看看　她。
　　　　　　　kànkan tā.

张　东：　她什么　时候　能　回来？
Zhāng Dōng:　Tā shénme shíhou néng huílai?

田　芳妈：　她没　说，你打她的手机　吧。
Tián Fāng mā:　Tā méi shuō, nǐ dǎ tā de shǒujī ba.

张　东：　我打了。可是　她　关机了。
Zhāng Dōng:　Wǒ dǎ le. Kěshì tā guān jī le.

田　芳妈：　是吗，你过一会儿　再　打吧。
Tián Fāng mā:　Shì ma, nǐ guò yíhuìr　zài dǎ ba.

（张东又来电话了）

张　东：　阿姨，田　芳　回来　了没有？
Zhāng Dōng:　Āyí, Tián Fāng huílai le méiyǒu?

田　芳妈：　还　没有　呢。
Tián Fāng mā:　Hái méiyǒu ne.

（二）他又来电话了

田　芳：　妈，我回来　了。
Tián Fāng:　Mā, wǒ huílai le.

妈妈：　　张　东　给你打　电话　了没有？
māma:　　Zhāng Dōng gěi nǐ dǎ diànhuà le méiyǒu?

田　芳：　没有　啊。
Tián Fāng:　Méiyǒu ā.

妈妈：　　他来　电话　找你，说打你的手机，你关机了。
māma:　　Tā lái diànhuà zhǎo nǐ, shuō dǎ nǐ de shǒujī, nǐ guān jī le.

田　芳：　啊！对了，我　忘　开机了。
Tián Fāng:　À! Duì le, wǒ wàng kāi jī le.

妈妈：　　快！电话　又　响了，你去接吧。
māma:　　Kuài! Diànhuà yòu xiǎng le, nǐ qù jiē ba.

（田芳接电话）

田　芳：　下午　你给我打　电话　了吧？
Tián Fāng:　Xiàwǔ nǐ gěi wǒ dǎ diànhuà le ba?

张　东：　打了，你怎么　关机了？
Zhāng Dōng:　Dǎ le, nǐ zěnme guān jī le?

田　芳：　对不起。我　忘　开机了。下午你做　什么了？
Tián Fāng:　Duì bù qǐ. Wǒ wàng kāi jī le. Xiàwǔ nǐ zuò shénme le?

张　东：　我去踢足球　了。今天　我们　跟　留学生　代表队　比赛了。
Zhāng Dōng:　Wǒ qù tī zúqiú le. Jīntiān wǒmen gēn liúxuéshēng dàibiǎoduì bǐsài le.

田　芳： 你们 队 又 输了吧?
Tián Fāng: Nǐmen duì yòu shū le ba?

张　东： 没有。这次我们 赢了。
Zhāng Dōng: Méiyǒu. Zhè cì wǒmen yíng le.

田　芳： 几比几?
Tián Fāng: Jǐ bǐ jǐ?

张　东： 二比一。
Zhāng Dōng: Èr bǐ yī.

田　芳： 祝贺 你们! 哎,你有 什么 事 吗?
Tián Fāng: Zhùhè nǐmen! Āi, nǐ yǒu shénme shì ma?

张　东： 我 想 问问你,你不 是 要 上 托福 班 吗? 报 名 了没有?
Zhāng Dōng: Wǒ xiǎng wènwen nǐ, nǐ bú shì yào shàng Tuōfú bān ma? Bào míng le méiyǒu?

田　芳： 已经 报 了。你是 不 是 也 想 考托福?
Tián Fāng: Yǐjīng bào le. Nǐ shì bu shì yě xiǎng kǎo Tuōfú?

张　东： 是。我 想 明天 去 报 名,你陪 我一起去, 好吗?
Zhāng Dōng: Shì. Wǒ xiǎng míngtiān qù bào míng, nǐ péi wǒ yìqǐ qù, hǎo ma?

田　芳： 好的。
Tián Fāng: Hǎo de.

二、生词 Shēngcí　New Words

1.	喂	(叹)	wèi	hello
2.	阿姨	(名)	āyí	aunt
3.	中学	(名)	zhōngxué	middle school
4.	出国		chū guó	to go abroad
	出	(动)	chū	to proceed from inside to outside
5.	打(电话)	(动)	dǎ(diànhuà)	to make(a phone a call)
6.	关机		guān jī	to turn off one's mobile phone
	关	(动)	guān	to turn off; to switch off
7.	对了		duì le	oh yes
8.	忘	(动)	wàng	to forget
9.	开机		kāi jī	to turn on one's mobile phone
	开	(动)	kāi	to turn on; to open; to drive
10.	又	(副)	yòu	again
11.	响	(动)	xiǎng	to make a sound
12.	接	(动)	jiē	to get; to receive
13.	踢	(动)	tī	to kick; to play (football)
14.	比赛	(动、名)	bǐsài	to match; to contest; game
15.	队	(名)	duì	team
16.	输	(动)	shū	to lose (a game)

17. 赢	（动）	yíng	to win
18. 比	（动）	bǐ	(of a score) to
19. 祝贺	（动）	zhùhè	to congratulate
20. 哎	（叹）	āi	(interjection)
21. 上	（动）	shàng	to attend (a class, program, etc.)
22. 托福	（名）	Tuōfú	TOEFL
23. 已经	（副）	yǐjīng	already
24. 考	（动）	kǎo	to take (a test)
25. 陪	（动）	péi	to accompany

三、注释 Zhùshì Notes

（一）你给我打电话了吧？ Did you call me?

语气助词"吧"在这里表示疑问的语气。

The modal particle "吧" is used here to express an inquisitive tone.

（二）你不是要上托福班吗？ Didn't you want to attend a TOEFL class?

"不是……吗?"是个反问句。强调肯定。不要求回答。

"不是……吗" is a rhetorical question. This sentence patten emphasizes an affirmative tone, therefore no reply is required.

（三）是不是 Is it not/aren't you/don't you, etc.

在用"是不是"的正反问句里，"是不是"可以用在谓语前，也可用在句首或句尾。例如：

In an affirmative-negative question, "是不是" can be used before the predicate. It may also be used at the head or the tail of the sentence, e. g.

(1) A：你是不是想家了？

B：是。我常常想家。

(2) A：你们输了，是不是？

B：是。

四、语法 Yǔfǎ Grammar

（一）语气助词"了"(1) The modal particle "了"(1)

语气助词"了"用在句尾，表示肯定的语气。有成句的作用。说明事情的发生、动作的完成、情况的出现和状态的变化等。例如：

The modal particle "了" is used at the tail of a sentence, indicating an affirmative tone. It has the function of completing a sentence and is often used to indicate the happening of something, the completion of an act, the emergence of a circumstance and the change of a situation, e. g.

1. 安娜跟外贸代表团去上海了。

2. 田芳的手机关了。

3. 他已经睡了。别叫他了。

4. 她今年20岁了。

5. 饭好了。我们吃饭吧。

试比较下列两组句子：

Compare the following two groups of sentences：

事情发生前	事情发生后
A：你去哪儿？	A：你去哪儿了？
B：我去商店。	B：我去商店了。
A：你买什么？	A：你买什么了？
B：我买衣服。	B：我买衣服了。

我买水果。

我买水果了。

正反疑问句形式是：

The structure for an affirmative-negative question is：

……了 + 没有？

(1) A：你去医院了没有？

　　B：去了。（我去医院了。）

(2) A：你买今天的晚报了没有？

　　B：没买。（我没买今天的晚报。）

"还没(有)……呢"表示事件现在还没有开始或完成，含有即将开始或完成的意思。例如：

"还没（有）…呢" suggests an act has not begun or completed but is about to begin or be completed, e.g.

(3) A：她回家了吗？

　　B：她还没有回家呢。

(4) A：他走了没有？

　　B：他还没有走呢。

动词前用"没(有)"表示否定意义时，句末不用"了"。例如：

When "没(有)" is used before a verb to express negation, "了" is not used at the end of the sentence, e.g.

(5)我昨天没去商店。

　　不说：*我昨天没去商店了。

(6)她觉得不舒服，今天没有上课。

　　不说：*她觉得不舒服，今天没有上课了。

表达经常性的动作时，句尾不能用"了"。例如：

When a sentence expresses a regular act, "了" is not used, e. g.

(7)每天早上她都去打太极拳。

　　不说：*每天早上她都去打太极拳了。

(8)她常来我家玩儿。

　　不说：*她常来我家玩儿了。

(二)"再"和"又"　"再"and"又"

副词"再"和"又"都放在动词前边作状语表示动作或情况的重复。不同的是："再"用于表示尚未重复的动作或情况；"又"一般用来表示已经重复的动作或情况。例如：

The adverbs "再" and "又" are both used before verbs as adverbials, to indicate the repetition of an act or a state of affairs. They differ in that "再" indicates an act is yet to be repeated while "又" normally refers to an act that has already been repeated, e. g.

(1)今天我去看她了，我想明天再去。

(2)他上午来了，下午没有再来。

(3)他昨天来看我了，今天又来了。

(4)他昨天没来上课，今天又没来。

五、练习 Liànxí　Exercises

1. 语音　Phonetics

(1)辨音辨调　Pronunciations and tones

　　cāochǎng　　　cǎochǎng　　　bǐsài　　　bìsè
　　zhùhè　　　　chùsuǒ　　　　yǐjīng　　　yǔjìng
　　tuōfú　　　　tuōfù　　　　　zúqiú　　　chūqiū

(2)多音节连读　Multisyllabic liaison

　　dǎ lánqiú　　　dǎ páiqiú　　　dǎ wǎngqiú
　　dǎ yǔmáoqiú　　dǎ diànhuà　　dǎ zhāohu

(3)朗读　Read out the following phrases

快来	快跑	快走	快看
再来	再买	再看	再练
又来了	又买了	又看了	又练了
打电话了	接电话了	去同学家了	踢足球了
回家了没有	去商店了没有	看比赛了没有	买光盘了没有

还没回来呢　　　还没去呢　　　　还没看呢　　　　还没买呢

2. 替换 Substitution exercises

(1) A：昨天你看球赛了吗？
　　B：没有。
　　A：你去哪儿了？
　　B：我去<u>同学家</u>了。

| 图书馆 | 买毛衣 | 看朋友 |
| 书店 | 商店 | 老师那儿 |

(2) A：你预习课文了没有？
　　B：还没有呢。

| 预习生词 | 看电视 | 上网 |
| 看青年报 | 吃晚饭 | 做练习 |

(3) A：你报名了没有？
　　B：已经<u>报</u>了。

买　青年报	买　光盘
看　电影	听　课文录音
预习　生词	复习　语法

(4) A：下午你做什么了？
　　B：我<u>去踢足球</u>了。

| 去超市 | 去买羽绒服 | 听课文录音 |
| 学太极拳 | 看足球比赛 | 上网 |

3. 选词填空 Choose the right words to fill in blanks

| 已经　考　接　踢　比赛　操场　又　出国 |

(1) 我下午去操场_____足球了。
(2) 妈妈不想让我_____留学。
(3) 你昨天是不是_____去他家了？
(4) 他正在_____电话呢。
(5) 玛丽在_____打太极拳呢。
(6) 我们又跟外贸大学_____篮球了。
(7) 我姐姐_____大学毕业了。
(8) 很多留学生都想_____HSK。

4. 用"还没(有)……呢"回答问题
　　Answer questions with "还没(有)……呢"

(1) A：田芳回家了没有？
　　B：_____。

(2) A：你吃晚饭了没有？
　　B：_____。

(3) A：你做作业了没有？
　　B：_____。

(4) A：你看这个电影了吗？
　　B：_____。

(5) A：你给妈妈打电话了吗？
　　B：_____，我现在就去打。

(6) A：你买今天的晚报了没有？
　　B：_____，我现在就去买。

5. 填空　Choose the right words to fill in the blanks

A.　不　　　没有

(1) 我明天_____去超市，我要去书店。
(2) 昨天我_____去商店，我去书店了。
(3) A：你觉得昨天晚上的电影怎么样？
　　B：我_____看，_____知道。
(4) 我_____学太极拳，_____会打。
(5) 昨天你去_____去大使馆？
(6) 明天你去_____去看她？
(7) 玛丽，你想_____想家？
(8) A：你常_____常给妈妈打电话？
　　B：我_____常给她打电话。

B.　再　　　又

(1) 她昨天没有上课，今天_____没有上课。
(2) 这本词典很好，我已经买了一本，想_____给我弟弟买一本。
(3) 我昨天已经去了，今天不想_____去了。
(4) 张东刚才给你来电话了，你不在，他说过一会儿_____来。
(5) 生词我已经预习了，还要_____复习复习课文。
(6) 我_____用用你的车好吗？
(7) 我_____买了一张DVD。
(8) 我觉得一年时间太短了，我想_____学一年。

6. 完成会话　Complete the dialogues

(1) A：昨天你去哪儿了？

　　B：_____。

　　A：你买什么了？

　　B：_____。

　　A：你买词典了没有？

　　B：_____。

(2) A：昨天晚上你做什么了？

　　B：_____。

　　A：你看足球比赛了没有？

　　B：_____。

(3) A：张东下午去哪儿了？

　　B：_____。

　　A：你去了没有？

　　B：_____。

(4) A：昨天你买苹果了没有？

　　B：_____。

　　A：买橘子了没有？

　　B：_____。

(5) A：_____？

　　B：我没去朋友家。

(6) A：_____？

　　B：今天的作业还没做呢。

7. 改错句　Correct the sentences

(1) 昨天我骑了自行车去书店。

(2) 我们八点已经开始了上课。

(3) 我今年九月来了中国学汉语。

(4) 我在大学时常常参加足球比赛了。

(5) 昨天下午我做练习了，预习生词了和复习语法了。

(6) 我姐姐已经毕业大学了。

8. 选择正确答案　Choose the correct answers

(1) 你去哪儿？

　　A：我去图书馆了。　　B：我去图书馆。

(2) 你买词典了没有？

　　A：我不买词典。　　B：我没买词典。

(3) 今天晚上谁来？

211

A：张东来。　　　　　　B：张东来了。
(4) 上午你上没上课?
　　A：不上课。　　　　　　B：没上课。
(5) 晚上你看不看足球赛?
　　A：看了。　　　　　　　B：看。
(6) 你去没去医院?
　　A：去了。　　　　　　　B：去。

9. 读后说　Read and express

　　今天我去江苹(Jiāng Píng)家了。我和江苹是中学同学,她是我的好朋友,也是我们全班同学的朋友。她学习非常努力,是我们班学习最好的学生。她会学习,也会玩儿,还常常帮助别人,老师和同学都很喜欢她。她这次参加了外国一个大学的考试。这个考试非常难,但是她考得很好,得了满分。听说只有三个得满分的。这个大学给了她最高的奖学金。同学们都向她表示祝贺,为她感到高兴。

　　下星期她就要出国留学了,我们班的同学都去看她,给她送行。

　　江苹的家在东城,离我家比较远。我下午四点多就出发了,五点半才到。我到的时候,同学们都已经到了。

　　江苹热情地欢迎我们。同学们好久不见了,见面以后高兴得又说又笑,玩得很愉快。我们预祝江苹成功。祝她一路平安。我说,一定要常来信啊。江苹说,一定。跟她说"再见"的时候,她哭了,我也哭了。

　　回家的路上,我想,我们常常说"再见",但是,有时候"再见"是很难的。我和江苹什么时候能"再见"呢?

　　刚进家,妈妈就告诉我,张东给我来电话了。

```
                  补充生词    Supplementary words

    1.  考试         kǎoshì            exam; test
    2.  得           dé                to get
    3.  满分         mǎnfēn            full marks
    4.  最           zuì               most
    5.  奖学金       jiǎngxuéjīn       scholarship
    6.  送行         sòng xíng         to see sb. off; to give a send-off party
    7.  见面         jiàn miàn         to meet; to see
    8.  预祝         yùzhù             to wish
    9.  成功         chénggōng         to succeed; success
    10. 一路平安     lí lù píng'ān     to have a pleasant/safe trip
    11. 哭           kū                to cry; to weep
```

10. 写汉字　Learn to write

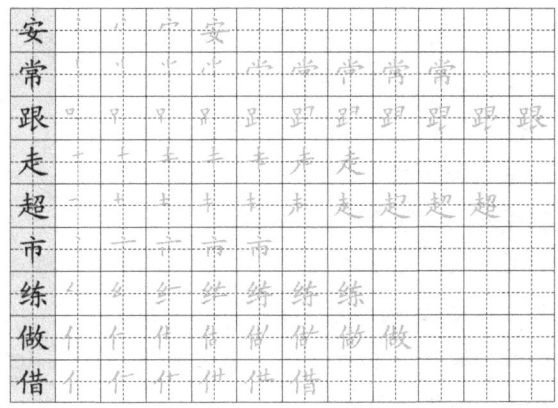

第四节　教案举例之三

第1～2学时

Ⅰ．教学内容：第二册(上)第九课《钥匙忘拔下来了》(1)

Ⅱ．教学目的：复习、巩固前一课所学内容；训练学生掌握汉语的复合趋向补语。

Ⅲ．教学时间：第一天2学时，100分钟。

Ⅳ．第一天基本的教学设计：

一、教学顺序：复习第八课、检查作业——学习本课生词、课文——小结语法——替换练习——布置作业，要求准备语法和练习部分。

二、主要教学方法——在生词教学的基础上，重点训练课文中的主要句型。灵活利用轮流训练的方法。

三、基本教学思路：用汉语教汉语；继续贯彻听、说领先，读、写跟上的教学原则；继续加强快速反应能力训练。

Ⅴ．具体教学步骤和内容如下：

一、复习第八课(具体内容略)——约15分钟

二、学习第一大段生词和课文——约20分钟

(一)领读生词1～11，尽量结合课文内容连词组或连句子：

图书城:大学城　图书　图书馆

进去:进去看看　走进去　跑进去　放进去　拿进去

各种各样:各　各种　各种书　各种人　各种公司　各种方法
　　　　　样　各样

兴奋:很兴奋　兴奋极了

书架:一个书架　书架上

下来:走下来　从楼上走下来　跑下来　跳下来　拿下来

抽:抽出来　抽出来一张纸　抽出来一本书

挑:挑了一本　挑了一本历史书　挑了一件衣服　挑好的　挑大的
　　挑得很好　挑得很认真

选:选了一本中文书　选了一件大衣　选了三个学生

小说:一本小说　选了一本中文小说　写了一本小说　他在看小说
　　　这是小说　小说里的故事　古典小说　现代小说

回去:带回去　买回去　放回去　走回去　跑回去　骑车回去
　　　开车回去

(二)师生逐句齐读第一段课文,必要时重点领读或提问。

第1句,连读3遍后提问:

谁去图书城了?他们怎样去图书城的?他们骑车到图书城干什么?

第3句,齐读后,问:他们骑了几小时?

第6句,问:他们从哪儿走出来?走出来以后又去哪儿了?

第8句,连读3遍后,问:他们怎么选书?

第9句,问:他们挑了一些什么书?

第10句,问:他们想买一些书带回哪儿去?为什么?

三、学习第二大段(含第二、三自然段)生词和课文——约20分钟

(一)领读生词12～23,尽量结合课文内容连词组或连句子:

除了……以外:除了老师以外,我们都是学生。
　　　　　　除了我以外,他们也都是留学生。

(要解释一下:"我"和"他们"都是留学生。)

(如果不用"也",意思有什么不同? ——"我"不是留学生。)

于是：她们想买书,于是去了图书城　那本小说我看完了,于是又买了一本(要说明:"于是"口语里很少用)

音像：音像书店　音像图书

这里：这里有小说

那里：我去那里

根据：根据什么做　根据什么写(生词表只标注了介词。根据学生的接受能力,还可以告诉学生它也是名词。如:你这么说有什么根据?)

拍：拍电影　拍电视剧　拍照(片)

盒：一盒光盘　一盒点心　一盒茶叶

下：下星期　下月　下次　下一个　下一页　下一课

学期：这个学期　下学期　下一个学期

纸箱：小纸箱　一个大纸箱　纸箱里有水果

纸：一张纸　纸上有汉字

饭馆：小饭馆　开了一个饭馆　去饭馆吃饭

盘：一盘饺子　一盘菜　一盘水果

(专名)鲁迅　《药》《祝福》

(二)师生逐句齐读第二大段课文,必要时重点领读或提问。

第1句,齐读3遍后问:他要买书吗？他还想买什么？

第3句,问:那个音像书店里,有没有根据鲁迅小说拍成的电影DVD？

(领读3遍画线部分)

第5句,问:营业员拿过来什么了？学生轮流问答一遍。

(备用:这些光盘都是谁给他们找来的?)

第6句,问:他想买回去什么？学生轮流问答一遍。

(备用：为什么要买这些光盘?)

第7句,问:除了《药》和《祝福》以外,他们还买了什么？

第8句,问:"不好拿"是什么意思？——不方便拿,很难拿。

第9句,问:他们买的东西放进纸箱里去了吗？(学生轮流说画线部分。)

(注意：×放进去纸箱里)

第3自然段,齐读一遍。

问:"几个菜"是多少菜?——一些菜,不到10个(见第一课注释三)。

四、学习第三大段(第四自然段)生词和课文——约20分钟

(一)领读生词24~38,尽量结合课文内容,连词组或连句子:

累:很累　累得很

困:困极了　又累又困　很累很困

维修:维修电梯　维修汽车　维修电脑

修:修电视　修自行车　修鞋

只好:没办法,只好这样　电梯在维修,只好走楼梯

提:提箱子　提一箱子书　提东西　提问题

步:走一步　跑两步　一步一步地走　一步一步地爬

却:他要开门,却没带钥匙　他要买书,却没带钱　他想去公园,却去了商店　他想买光盘,却买了一本古典小说

忽然:我忽然想到一件事　我忽然觉得肚子疼

想起来:想起来一件事　想起来一个问题

起来:拿起来　提起来

插:插进去　钥匙插在门上　钥匙在车上插着　刀插在西瓜上(用动作示意)

拔:拔出来　钥匙拔出来了　钥匙忘了拔下来了　拔出刀来(用动作示意)

哭笑不得:让我哭笑不得　我真是哭笑不得

(二)师生逐句齐读第三大段课文,必要时重点领读或提问。

第4句,重点领读"走进楼来"。(注意:×走进来楼)

第5句,问:他为什么爬上楼去?(注意:×爬上去楼)

第9句,重点领读:"我忽然想起来了"、"我忘了拔下来了"。

第11句,重点领读:"我刚要跑下楼去,就看见麦克也爬上来了。"

"他手里拿的正是我的钥匙"是什么意思?——不是别人的,就是"我的"。

(三)板书:1. 钥匙忘了拔下来了　2. 她走进楼来

五、利用板书小结语法——10分钟

(一)引导学生分析第1句的谓语动词和复合趋向补语。

("钥匙"在车上,所以用"拔下来";"钥匙"是受事主语。还可以说"钥匙

忘了拔出来了"。)

(二)引导学生分析第2句的谓语动词和复合趋向补语。

指出处所宾语必须在复合趋向补语之间、"来"或"去"之前,而不能放在复合趋向补语之后。(×她走进来楼。)

六、做替换练习(1)~(5)——约20分钟

做法:学生齐读例句后,轮流问答,替换。

(1)每替换一次,问说话人在哪儿。

如读完例句,可问:他们在上边,还是在下边?(在上边。)

替换的6句,说话人依次在:

下边	上边
里边	外边
外边	下边

(2)替换第一句后,问:可以说"他带回一本杂志来了"吗?

说明非处所宾语可以在"来"或"去"之后。

(替换部分有4个生词:入学、申请书、鲜花、礼物。如果学生觉得比较难,可以只替换前两句。)

以下各句由学生用两种方法问答。

(3)替换词组里的量词"把"和"箱"都是生词,需要解释一下。

("影碟"也是生词,可以换成"光盘"。)

(4)读完第一句,问:"走出去校门"对不对?——不对。

(强调指出:处所宾语不能放在"来"或"去"后边。)

以下各句要让每个学生都回答一次。

(5)读完例句,问:还可以怎么回答?——没有。/没有取回来。

问:"还没有呢"是不是准备取回来?

(学过"报"和"纸",没学过"报纸")

七、师生齐读练习1:语音(2),朗读汉字词组——约2分钟

八、布置课后作业——约3分钟

(一)熟读课文,写出3个用复合趋向补语的问题(每段一个),准备第二

天互相问答。修改后交来。准备听写课文中句子。

(二)练习

1. 练习 5——写在书上。(1)中的"美"是生词,本册第一课语法例句中出现过。

2. 练习 8——把正确的句子写在本子上,明天交来。

3. 练习 9——写在书上。(生词很多,需要请中国朋友帮助。)

(三)看本课语法的英文解释。

(四)收作业本。

Ⅵ. 板书设计(略)

Ⅶ. 教具准备(略)

Ⅷ. 课后小记(略)

第 3～4 学时

Ⅰ. 教学内容:第二册(上)第九课《钥匙忘拔下来了》(2)

Ⅱ. 教学目的:复习、巩固本课所学内容;训练学生掌握汉语的复合趋向补语。

Ⅲ. 教学时间:2 学时,100 分钟。

Ⅳ. 第二天基本的教学设计:

一、教学顺序:检查作业——语法句型——其他练习——读后说——预习——布置作业。

二、主要教学方法:师生互动,继续发挥轮流训练的作用。

三、基本教学思路:用汉语教汉语;继续贯彻听、说领先,读、写跟上的教学原则;继续加强快速反应能力的训练。

Ⅴ. 具体教学步骤和内容如下:

一、复习、检查作业——约 30 分钟

(一)课文:学生根据准备的问题,逐段进行轮流问答练习。

(二)听写课文中句子(57 字,重复汉字 14 个,听写 5 分钟)——约 10 分钟

1. 钥匙忘拔下来了。

2. 他从另一书架上抽出来一本小说。

3. 除了买书以外,他还想买几盒电影光盘。

4. 他忽然想起来了,钥匙还在楼下自行车上插着呢。

二、讲练语法:复合趋向补语——约 30 分钟

(一)师生齐读"动作趋向的表达:复合趋向补语"下的表格内容和 8 幅图下边的句子。

(二)问:

1."我走上来的"是谁说的?(是男的还是女的说的?)

2."我们"是谁?(左边的两个人,还是右边的两个人?)

3."他跑进来了"是里边的人说的吗?

4."这本书买回来了"是女的说的吗?(男的拿着书在说话呢。)

5."他跑出去了"是里边的人说的吗?

6."蝴蝶飞起来了"是我们说的吗?

7."他跑下去了"是下边的人说的吗?(是上边的人说的。)

8."他跳下来了"是谁说的?

("跳"是生词,这个题可以不做,也可以给这个词作些说明。)

(三)学生逐句齐读例句(1)～(4)。问:

(1)能说"她走出去学校了"吗?

(2)能说"他跑回来家了"吗?

(3)能说"我买回一本书来"吗?

(4)能说"放进一个纸箱里去"吗?

指出:处所宾语不能放在"来"或"去"的后边。

(四)学生逐句齐读例句(5)～(7)。问:

(5)他走进图书馆去了没有?

(6)她们从教室走出去了吗?

(7)能说"汽车开上去山了"吗?

(五)学生轮流读例句(8)～(10)

指出:表示事物的宾语放在"来"或"去"的前后都可以。

(六)学生轮流读例句(11)、(12),问:
    (11)刚一下课,同学们从哪儿跑出去了?(问:说话人在哪里?)
    (12)看见老师走进教室,大家都站起来了没有?

(七)学生逐句齐读(13)~(16),问:
    (13)他们都爬上山去了没有?(问:说话人在哪里?)
    (14)他们是不是走下楼去了?(问:说话人在哪里?)
    (15)他给你买回来了什么?
    (16)她给朋友寄回去了一本什么书?

三、做练习3、4——约15分钟

做法:学生齐读供选择的词语,然后边看边做,训练他们的快速反应能力。(答案备用)

1. 练习3

(1)兴奋　(2)回　(3)除了　(4)于是　(5)根据　(6)学期　(7)只好　(8)各　(9)哭笑不得

2. 练习4

A.(1)从书店　(2)从图书馆/从朋友那儿　(3)从书包里　(4)从书架上　(5)从朋友那儿/从中国/从香港　(6)从国外/从中国　(7)从中国/从国外　(8)从外边　(9)从楼下　(10)从国外/从香港/从中国

B.(1)拿出来　(2)取出来/取回来　(3)取回来　(4)买回来　(5)送上来　(6)拿出来/找出来　(7)拿下来　(8)捡起来/拿起来　(9)拿起来("副",量词,是下一课的生词。)　(10)拿下来/拿出来

四、做练习8——约5分钟

做法:应该已写了作业,学生说出正确的句子。(答案备用)

(1)才走进教室来/才进教室
(2)走出图书馆去了/走出图书馆了
(3)向我跑过来
(4)拿出来一些光盘
(5)飞上天去了(常说的是"起飞",但是没出过生词)
(6)送她回上海去

说明:练习7生词太多,如果要做,就要补充生词,比较费时间。学生有兴趣做的话,可以请中国朋友帮助。

五、做练习5、9(检查作业的一部分)——约15分钟

1. 练习5

做法:学生轮流按照自己准备的念出全句。(答案备用)

(1)才爬上山来("美"是生词)

(2)别掉下来(说话人在下边)/别掉下去(说话人在上边)

(3)摔下来/摔下去

(4)坐下来

(5)走下来,走过去

(6)搬上去

(7)拿出来,拿出来,寄回去

(8)掉进/到水里去;跑了过去;跳进(水里)去;游了过去

2. 练习9

说明:"综合填空"中生词太多,占用课堂时间太多的话,可暂不检查。

做法:分5个人读完全段,让别的学生判断对错。(答案备用)

(1)我是爬上去的,……感觉。("缆车"和"登"都是生词;"一览众山小"也没学过,意思是在山顶上看别的高山都很小。)

(2)……我很高兴。

(动词"站"是生词。第一册(下)第二十八课中出过名词"车站"的"站"。)

("日出"是生词,"日"是第一册(上)第五课的生词,"日出"指太阳从地平线升起。)

(3)当我们看到……跳起来的时候,……真是美极了。("跳"和"美"都是生词。)

(4)下午,……走下来了……情况。("曲阜"、"孔庙"和"孔林"都没学过。)

("情况"是第一册(下)第二十八课的生词,但课文里并没出现。)

(5)这次来旅行……7月28日。("山东大学"没学过。)

六、预习下一课生词:领读——约 2 分钟

七、布置课后作业——约 3 分钟

(一)预习要求

1. 朗读第十课生词,记生词,写汉字。准备听写。

2. 分两组准备第十课课文,每人写出 3 个问题,第二天上课时互相问答。

一组准备课文(一)"会议厅的门开着呢",一组准备课文(二)"墙上贴着红双喜字"。

3. 看下一课注释的英文翻译。

(二)收作业本。

Ⅵ. 板书设计(略)

Ⅶ. 教具准备(略)

Ⅷ. 课后小记(略)

附:《汉语教程》(修订本)第二册(上)第九课《钥匙忘拔下来了》

第九课　钥匙忘拔下来了

一、课文 Kèwén　Text

星期天,我和麦克一起骑车到图书城去买书。图书城离我们学校比较远。那天刮风,我们骑了一个多小时才骑到。图书城很大,里边有很多书店。每个书店我都想进去看看。我们从一个书店走出来,又走进另一个书店。看到书店里有各种各样的书,我很兴奋。从这个书架上拿下来一本看看,再放上去,又从另一个书架上抽出来一本看看。我挑了几本历史书,麦克选了一些中文小说。我们都想买一些书带回国去,因为中国的书比我们国家的便宜得多。

除了买书以外,我还想买一些电影光盘。于是我们又走进一家音像书店。我问营业员,这里有没有根据鲁迅小说拍成的电影 DVD。她说,有,我给你找。不一会儿,她拿过来几盒光盘对我说,这些都是根据鲁迅小说拍成的电影。我对麦克说,下学期我就要学习鲁迅的小说了,我想买回去看看。我和麦克买了《药》和《祝福》等,还买了不少新电影的光盘。小姐见我们买的书和光盘太多,不好拿,就给我们俩一人找了一个小纸箱。我们买的书和光盘正好都能放进去。

·第十章 教案举例

从图书城出来,已经十二点多了。我和麦克走进一个小饭馆去吃午饭。我们要了一盘饺子,几个菜和两瓶啤酒,吃得很舒服。

吃完饭,我们就骑车回来了。回到学校,我又累又困,想赶快回到宿舍去洗个澡,休息休息。我从车上拿下小纸箱。走进楼来,看见电梯门口贴了张通知:"电梯维修,请走楼梯。"我住十楼,没办法,只好爬上去。我手里提着一箱子书,一步一步地往上爬。爬了半天才爬到十层。到了门口,我放下箱子,要拿出钥匙开门的时候,却发现钥匙不见了,找了半天也没有找到。啊!我忽然想起来了,钥匙还在楼下自行车上插着呢,我忘了拔下来了。这时,我真是哭笑不得。我刚要跑下楼去,就看见麦克也爬上来了,他手里拿的正是我的钥匙。

二、生词 Shēngcí New Words ················

1.	图书城	(名)	túshūchéng	book bazaar
	图书	(名)	túshū	book
2.	进去	(动)	jìnqu	to enter
3.	各种各样		gè zhǒng gè yàng	all sorts
	各	(代)	gè	each
	样	(量)	yàng	kind; type
4.	兴奋	(形)	xīngfèn	excited
5.	书架	(名)	shūjià	bookshelf
6.	下来	(动)	xiàlai	to come down; down (used behind a verb to indicate motion toward a lower or nearer position)
7.	抽	(动)	chōu	to take sth. from within; to take a part of the whole
8.	挑	(动)	tiāo	to choose; to select; to pick out
9.	选	(动)	xuǎn	to choose; to select; to pick
10.	小说	(名)	xiǎoshuō	novel

11. 回去	(动)	huíqu	to go back; to return; back(used after a verb to express a sense of returning)	
12. 除了…以外		chúle…yǐwài	besides; apart from; except	
13. 于是	(连)	yúshì	so; then; thereupon; hence	
14. 音像	(名)	yīnxiàng	audiovisual	
15. 这里	(代)	zhèli	here	
那里	(代)	nàli	there	
16. 根据	(介)	gēnjù	on the basis of; according to	
17. 拍	(动)	pāi	to shoot(a photograph, movie; etc.)	
18. 盒	(量)	hé	box	
19. 下	(名)	xià	next	
20. 学期	(名)	xuéqī	school term	
21. 纸箱	(名)	zhǐxiāng	carton	
纸	(名)	zhǐ	paper	
22. 饭馆	(名)	fànguǎn	restaurant, catery	
23. 盘	(量)	pán	plate	
24. 累	(形)	lèi	tired	
25. 困	(形)	kùn	sleepy; exhausted	
26. 电梯	(名)	diàntī	lift; elevator	
27. 维修	(动)	wéixiū	to maintain and repair	
修	(动)	xiū	to repair	
28. 楼梯	(名)	lóutī	stairs; stairway	
29. 只好	(副)	zhǐhǎo	have to; cannot but	
30. 提	(动)	tí	to carry in one's hand with the arm down	
31. 步	(量)	bù	step	
32. 钥匙	(名)	yàoshi	key	
33. 却	(副)	què	but; yet	
34. 忽然	(副)	hūrán	suddenly; quickly and unexpectedly	
35. 想起来		xiǎng qǐlai	to remember	
起来	(动)	qǐlai	(used after a verb to indicate the completion of an action)	
36. 插	(动)	chā	to stick in; to insert	
37. 拔	(动)	bá	to pull out; to pull up	
38. 哭笑不得		kū xiào bù dé	not to know whether to laugh or to cry; to find sth. both funny and annoying	

专名　Zhuānmíng　**Proper Names**

1. 鲁迅　　　　Lǔ Xùn　　　　Lu Xun(a most famous writer in modern China)
2.《药》　　　《Yào》　　　　*Medicine* (a novel by Lu Xun)
3.《祝福》　　《Zhùfú》　　　*Blessing* (a novel by Lu Xun)

三、语法 Yǔfǎ ● Grammar

动作趋向的表达：复合趋向补语

Indicating the direction of an act: the compound complement of direction

趋向动词"上、下、进、出、回、过、起"加上"来"或"去"，放在另一动词后面作补语，叫复合趋向补语，表示动作的趋向。常用的复合趋向补语如下表：

	上	下	进	出	回	过	起
来	上来	下来	进来	出来	回来	过来	起来
去	上去	下去	进去	出去	回去	过去	

When a verb denoting directions such as "上，下，进，出，回，过" and "起" is followed by "来" or "去" and placed after another verb to function as a complement, it is a compound complement of direction. Such a complement indicates the direction of an act. Some common ones are listed below:

我走上来的。

他们走过来，我们走过去。

他跑进来了。

这本书买回来了。

他跑出去了。

蝴蝶飞起来了。

他跑下去了。

他跳下来了。

"来/去"所表示的动作方向与说话人或所指事物之间的关系和简单趋向补语相同。例如：

The directions indicated by "来" and "去" are determined by the relationship between the speaker and the referred thing. The usage is the same as the simple complement of direction.

（1）她走出学校去了。

（2）他跑回家来了。

（3）我买回来一本书。

（4）我们买的书和光盘正好都能放进去。

动词有宾语时，如果宾语是表示处所的，一定要放在"来"或"去"之前。例如：

If the verb takes an object that denotes a place, the object must be placed before "来" or "去", e.g.

（5）我看见他走进图书馆去了。

　　不说：＊我看见他走进去图书馆了。

（6）她们一起走出教室去了。

　　不说：＊她们一起走出去教室了。

（7）汽车开上山去了。

　　不说：＊汽车开上去山了。

如果宾语是表示事物的，可以放在"来"或"去"之后，也可以放在"来"或"去"之前。例如：

If the object denotes things, it can be placed either before "来" or "去" or after them, e.g.

（8）他从国外给我带回来一件礼物。

　　他从国外给我带回一件礼物来。

（9）你看，我给你买回什么来了？

　　你看，我给你买回来什么了？

(10)姐姐从中国寄回来很多照片。
姐姐从中国寄回很多照片来。

如果动词不带宾语,"了"可以放在动词之后,补语之前,也可以放在句尾。例如:

If the verb does not take an object, "了" can be placed after the verb, before the complement or at the end of the sentence, e. g.

(11)刚一下课,同学们就都跑了出去。
也可以说:刚一下课,同学们就都跑出去了。
(12)看见老师走进教室,大家都站了起来。
也可以说:看见老师走进教室,大家都站起来了。

如果动词后有表示处所的宾语,"了"应该放在句末。例如:

If the verb takes an object that denotes place, "了" is placed at the end of the sentence, e. g.

(13)他们都爬上山去了。
(14)他们走下楼去了。

如果动词后有表示事物的宾语,"了"应该放在复合趋向补语之后,宾语之前。例如:

If the verb takes an object that denotes things, "了" is placed after the complement and before the object, e. g.

(15)我给你买回来了一件羽绒服。
(16)我给朋友寄回去了一本介绍中国的书。

四、练习 Liànxí ● Exercises

1. 语音 Phonetics

(1) 辨音辨调 Pronunciations and tones

jìnqù	jìnqǔ	shūjià	shǔjià
yàoshi	yàoshì	yúshì	yíshì
yǐngxiàng	yìnxiàng	zhǐhǎo	chī hǎo

(2) 朗读 Read out the following phrases

放上去　　放下来　　走进去　　走出来　　带回去　　带回来
拿过去　　拿过来　　爬上去　　跑下来　　挑出来　　拔下来
爬上楼了　　走下楼来了　　走进教室去了　　走出学校去了
寄回国去了　　骑回学校来了　　跑过马路去了　　飞回美国去了

2. 替换 Substitution exercise

(1) A：咱们<u>走下去</u>吧。
B：好吧。

跑上去	拿下去
拿出去	带回去
放进去	送上去

(2) A:他买回来了什么?
　　B:他买回来了一些DVD。

带回来	一本杂志
寄回来	几张照片
寄过来	一份入学申请书
送上来	一束鲜花
买回来	一件礼物

(3) A:他从箱子里拿出来了什么?
　　B:他从箱子里拿出来了一张影碟。

飞机上	提下来	一个箱子
地上	捡起来	一把钥匙
书店	买回来	一本小说
汽车里	拿出来	一箱啤酒
邮局	取回来	一个包裹

(4) A:麦克去哪儿了?
　　B:我看见他走出校门去了。

走进食堂	跑上楼	跑下楼
走过桥	爬上山	走回宿舍

(5) A:你的钱取回来了没有?
　　B:还没有呢。

车钥匙	拔下来
包裹	取出来
电脑	买回来
报纸	拿上来
伊妹儿	发过去
词典	寄出去

3. **选词填空**　Choose the right words to fill in the blanks

　　除了　于是　只好　各　兴奋　哭笑不得　回　根据　学期

(1) 收到他给我发来的伊妹儿,我非常_____。
(2) 我想买一些书带_____国去。
(3) _____买书,我还想买一些电影和电视剧的DVD。

(4)他想让我跟他一起去书店,_____我就跟他去了。
(5)这个电影是_____鲁迅的小说拍成的。
(6)在中国一年有两个_____。
(7)因为没得到奖学金,我_____回国。
(8)语言大学的学生主要是从世界_____国来的留学生。
(9)这种事真让人_____。

4. 选择下列词组填空 Fill in the blanks with the following phrases

| A. 从楼下 | 从书架上 | 从书包里 | 从中国 | 从图书馆 |
| 从国外 | 从书店 | 从朋友那儿 | 从外边 | 从香港 |

(1)_____买回一本词典来。
(2)_____借回一些中文小说来。
(3)_____拿出来一本鲁迅的小说。
(4)_____拿下来一本杂志。
(5)_____拿过一张影碟来。
(6)_____给你带回一点儿礼物去。
(7)_____寄回一本画报来。
(8)_____拿进来一个箱子。
(9)_____提上来一箱子书。
(10)_____给我寄来一件生日礼物。

| B. 拿起来 | 提上来 | 拿下来 | 找出来 | 拿出来 |
| 取出来 | 捡起来 | 买回来 | 送上来 | 取回来 |

(1)他从提包里_____一本护照。
(2)玛丽从银行_____五百美元。
(3)妈妈寄的包裹你_____了吗?
(4)麦克从商店_____一辆自行车。
(5)服务员从楼下_____一盆花。
(6)她从箱子里_____一件毛衣。
(7)他从楼上_____一个纸箱子。
(8)我从地上_____一个钱包。
(9)他从桌子上_____一副眼镜。
(10)张东从书架上_____一本书。

5. 在空格里填入适当的复合趋向补语
Fill in the blanks with appropriate compound complements of direction
(1)我们爬了半个多小时,才爬_____,往山下一看,风景美极了。

(2) 小心点儿，别掉_____。

(3) 她不小心，从楼梯上摔_____，腿摔伤了。

(4) 太累了，我们找个地方，坐_____休息一会儿吧。

(5) 我看见前边走_____一个人，就走_____问她去图书城怎么走。

(6) 你别下来了，我给你搬_____。

(7) 她从口袋里拿_____一个钱包，又从钱包里拿_____五百块钱，放在我手里，说："快给你妈妈寄_____吧，看病要紧。"

(8) "救命啊！有人掉_____水里_____了！"听见喊声，他很快脱下上衣，跑了_____。人们看见他跳_____水_____，向那个孩子游了_____。

6. 指出说话人在哪儿 Locate the speaker in the following sentences

例：衣服从楼上掉下来了。 说话人在：下边。

(1) 你看，他跑过去了。 说话人在：_____

(2) 您的行李已经给您搬上来了。 说话人在：_____

(3) 他的车开进来了。 说话人在：_____

(4) 我们走上去吧。 说话人在：_____

(5) 书他已经提上去了。 说话人在：_____

(6) 你要的电脑我已经买回来了。 说话人在：_____

(7) 她们爬上山去了。 说话人在：_____

(8) 钱我已经取回来了。 说话人在：_____

7. 看图说话 Describe the pictures

8. 改错句 Correct the sentences
(1) 上课十分钟他才走进来教室。
(2) 我看见她走出去图书馆了。
(3) 孩子看见我，就向我跑过去。
(4) 他从箱子里拿出去一些光盘。
(5) 我们的飞机马上就飞上去天了。
(6) 妈妈病好了以后，我就送她回去上海了。

9. 综合填空 Fill in the blanks

罗兰：

　　你好。我已经到了泰山，我是爬上①_____的，没有坐缆车。登上泰山，真有"一览众山小"的感觉。我还在山上住了一夜，等第二天早上看日出，能站在泰山上看日出，我很高兴。当我们看到太阳一下子跳②_____的时候，都兴奋地大声叫了起来，真是美③_____了。下午，我又从泰山上走④_____了。明天我要去曲阜参观孔庙和孔林。到那儿以后再给你介绍曲阜的情况。这次来旅行我很愉快，山东大学的朋友很热情，给了我很多帮助。

　　祝好

　　　　　　　　　　　　　　　　　　　　　　　　　　　丹尼丝

　　　　　　　　　　　　　　　　　　　　　　　　　　　7月28日

10. 写汉字 Learn to write

各	丿	夂	冬	各					
挑	扌	挑	挑	挑	挑	挑	挑		

第五节　教案举例之四

第1～2学时

Ⅰ．教学内容:第二册(下)第十二课《为什么把"福"字倒贴在门上》(1)

Ⅱ．教学目的:复习、巩固前一课所学内容;训练学生掌握汉语的"把"字句(1)——"在/到/给/成"作补语的"把"字句。

说明:第十二课和第十三课都是讲"把"字句。先教"在/到/给/成"作补语的"把"字句,也是一个办法。但是,由于两课的内容分工不是很清楚,第十二课课文里不只有这种必须用介词"把"的"把"字句,也出现了其他形式的"把"字句。这样,在处理上就要麻烦一点儿。原因是:

1. 第十二课的语法项下只列出了一种结构;第十三课才介绍"把"字句的一般结构。

2. 第十二课有 45 个生词,而第十三课只有 31 个生词;课文的长短差别也很大;都很不平衡。因此,两课要统一考虑教学安排。比如,第十二课重点讲练"在/到/给/成"作补语的"把"字句,而对其他形式的"把"字句只简单提一下,要告诉学生,这种"把"字句,下一课再讲练。

Ⅲ.教学时间:第一天 2 学时,100 分钟。

Ⅳ.第一天基本的教学设计:

一、教学顺序:复习第十一课、检查作业——本课生词、课文——小结语法——替换练习——布置作业,要求准备语法和练习部分。

二、主要教学方法:在生词教学的基础上,重点训练课文中主要句型;灵活利用轮流训练的方法。

三、基本教学思路:继续贯彻听、说领先,读、写跟上的教学原则。

Ⅴ.具体教学步骤和内容如下:

一、复习第十一课(略)——约 15 分钟

二、学习本课生词 1~21 和课文(一)《我们把教室布置成了会场》——约 40 分钟

(一)领读生词 1~21,尽量结合课文内容连词组或连句子:

品尝:品尝一下 品尝这个菜 请大家品尝

特色:特色菜 品尝特色菜 品尝各国的特色菜 很有特色
     这是我们这里的特色

亲手:亲手写的名字 亲手做的菜 亲手寄的信

最好:最好买这个手机 最好借一个教室 最好给他打个电话
     这样做最好

把:把"找"写成"我"了 把你们的作业本交给我 把这本词典放在书
   架上

它:把它放到前边("它"可能是椅子,也可能是书,指人以外的事物)

布置:布置房间 布置教室 布置礼堂 把教室布置好

会场:走进会场 走出会场 把教室布置成会场 这就是我们的会场

管理员:宿舍管理员 食堂管理员 图书管理员 足球场管理员

管理:管理宿舍 管理食堂 管理图书 管理公司 管理学校

　　　　管理学生　管理钱

告诉:告诉他　告诉她这件事　告诉我你们做完作业了吗　不告诉你

答应:他答应了我的要求　他答应把那个教室借给我们

打扫:打扫房间　打扫一下　把教室打扫了一下儿　打扫干净

窗户:开开窗户　把窗户打开　这个窗户很大　窗户太小了
　　　窗　门窗　把门窗关上

擦:擦窗户　擦椅子　擦自行车　擦干净　擦得干干净净
　　把门窗擦得干干净净的

桌子:一张桌子　新桌子　小桌子　把桌子放在这儿
　　　把桌子摆到那边

圆圈:画一个圆圈　把椅子摆成圆圈

黑板:擦黑板　擦黑板上的字　把黑板擦干净　把汉字写在黑板上

音响:买来音响　新买的音响　把音响放到旁边的房子里

彩:彩灯　彩带

惊喜:给他一个惊喜　非常惊喜

(二)师生齐读生词1～21(每个两遍)。

(三)课文(一):领读后重点提问"把"字句。提问过程中,学生不能回答或答错时,可以让另一学生重复老师的问题,并让原来的学生回答,或让另一学生回答(下同)。

1. 领读课文题目后,学生连读3遍。问:

　　(1)他们布置教室了没有?

　　(2)他们把教室布置成了什么?

2. 逐句领读课文第一段,重点提问:

(长句先分段领读,最后领读全句。例如:我们班/准备在圣诞节前/举行一个联欢晚会。)

　　(1)晚会上有各国的特色菜吗?

　　(2)班长要求他们把什么菜带来?

　　(3)他们要把自己亲手做的菜带到哪儿来?

　　(4)带到晚会上做什么?

3. 领读第二小段,提问:

    (5)为什么玛丽说最好借一个大教室?

    (6)"它"是什么?

    (7)玛丽想把大教室布置成晚会的会场吗?

4. 逐句领读第三段,提问:

    (8)他们找到的管理员是男的还是女的? 为什么?

    (9)她答应把那个大教室借给他们了吗?

    (10)昨天下午服务员做什么了?

5. 领读第四段,提问:

    (11)他们把什么摆成了一个大圆圈?(他们把桌子摆成什么样了?)

    (12)爱德华把什么字贴在黑板上了?

6. 逐句领读第五段,重点提问:

    (13)他们为什么把音响搬到教室里来了?

    (14)他们把什么摆在教室的前边了?

    (15)他们用彩灯彩带把什么装饰得很漂亮?

7. 领读第六段,重点提问:

    (16)他们准备在晚会上把生日礼物送给谁? 为什么?
        安娜的生日是哪一天? 他们准备送给安娜什么?

    (17)晚会以前他们告诉安娜了没有? 她们没告诉安娜什么? 为什么没告诉她?

8. 领读第七段,重点提问:

    (18)他们把教室布置好以后,请谁来看了看?

    (19)老师为什么很高兴?

9. 领读最后一段,提问:

    (20)为举行这个晚会,同学们准备得怎么样?

    (21)他们什么时候举行这个晚会?

    (22)他们欢迎谁来参加这个晚会?

(四)板书题目:我们把教室布置成了会场

三、学习生词22～35和课文(二)《把对联贴在大门两边》——约15分钟

(一)领读生词22～35,尽量结合课文内容连词组或连句子:

宾馆(课文里没有这个词)

夫人(对一般人妻子的尊称,用于比较正式的场合)

幅:一幅画儿　这幅画儿

水仙:水仙花

开:开花　开红花　花开了

福

字:汉字　"福"字　大字　小字　钢笔字　外国字

对联:写对联　贴对联　把对联贴在大门两边(春节的对联,也叫春联)

新春:新春快乐

吉祥:新年吉祥　春节吉祥　吉祥幸福

行业(课文里没有"行业"这个词,只有"百行百业",也可以说"各行各业"):什么行业　导游行业　建筑行业　翻译行业　服务行业

兴旺:行业兴旺　百业兴旺　事业兴旺

哦

可不是(表示强调的语气:就是这样。)

(二)学生齐读生词22～35(每个两遍)。

(三)课文(二):领读后重点提问"把"字句。提问过程中,学生不能回答或答错时,可以让另一学生重复老师的问题,并让原来的学生回答,或让另一学生回答(下同):

1. 领读课文题目后,学生连读3遍。问:

(1)把什么贴在大门两边?

(2)把对联贴在哪里?

2. 老师读课文括号中的背景,学生分两组朗读课文。问:

(1)他们把那幅画儿挂在什么地方了?

(2)小林把水仙花送来了没有?

(3)高老师把水仙花摆在哪儿了?

(4)水仙花开得怎么样?——开得可好了。
("可"是副词,强调非常。是生词。)
(5)王老师觉得把水仙花摆在哪儿好?
(6)谁把"福"字贴在门上了?
(7)高老师写对联了没有?谁写对联了?
(8)王老师写的对联是什么字?
(8)高老师让王老师把什么贴上去?
(9)王老师写错了什么?王老师是不是把"兴旺"写成"旺旺"了?

(四)板书题目: 把对联贴在大门两边

四、学习生词36～45和课文(三)《为什么把"福"字倒着贴在门上呢?》——约15分钟

(一)领读生词36～45(有的词排列的顺序跟课文不一致),尽量结合课文内容连词组或连句子:

仔细:仔细听听　仔细算一算　看得很仔细
认识:认识她　认识这个字　认识路　认识这个地方　不认识
　　　认识到这个问题
声音:声音很大　声音小　唱歌的声音　说话的声音　好听的声音
　　　声音难听
椅子:买椅子　搬椅子　擦椅子　桌子椅子
幸福:非常幸福　祝你幸福　幸福的"福"
倒:倒着走　倒着贴"福"字　把"福"字倒着贴在门上　贴倒了
　　这两个字写倒了
沙发:一个沙发　一套沙发
冰箱
洗衣机
空调

(二)学生齐读生词36～45(每个两遍)。
(三)课文(三):领读后重点提问"把"字句。提问过程中,学生不能回答或答错时,可以让另一学生重复老师的问题,并让原来的学生回答,或让另

一学生回答(下同):

1. 领读题目后,学生连读3遍。

2. 老师读括号中的背景,学生分两组朗读课文。问:

(1)为什么把"福"字倒着贴在门上?

(2)麦克准备把"福"字倒着贴在哪儿?

(要求学生轮流用"把"字句说出麦克的计划)

(四)板书题目:为什么把"福"字倒着贴在门上呢?

五、利用板书小结语法——10分钟

(一)引导学生分析第一句的结构:"把教室"——状语,"布置成"——动词和结果补语,"会场"——处所宾语

(二)引导学生分析第二句的结构:"把对联"——状语,"贴在"——动词和结果补语,"大门两边"——处所宾语

(三)引导学生分析第三句的结构:"倒着"、"把'福'字"——状语,"贴在"——动词和结果补语,"门上"——处所宾语

六、做练习2:替换——约15分钟

做法:学生轮流问答,替换。

(注意:课文里并不只出现了这四种"把"字句,其他的暂不作重点。)

(1)指出:谓语动词+结果补语"在"+宾语(都是处所词语)

(2)指出:谓语动词+结果补语"到"+宾语(都是处所词语)

(4)指出:谓语动词+结果补语"给"+宾语(是人或单位)

(5)指出:谓语动词+结果补语"成"+宾语(是普通名词)——要求回答全句

七、布置课后作业——约5分钟

(一)熟读课文(一),写出3个"把"字句问题,准备第二天互相问答。

(二)练习:

1. 练习3、4——写在书上。

2. 练习7——把学生分成两组,一组做单数,一组做双数。写在本子上,明天交来。

3. 练习8——把正确的的句子写在本子上,明天交来。

(三)看语法部分的英文翻译。

(四)收作业本。

Ⅵ．板书设计(略)

Ⅶ．教具准备(略)

Ⅷ．课后小记(略)

第3～4学时

Ⅰ．教学内容:第二册(下)第十二课《为什么把"福"字倒贴在门上》(2)

Ⅱ．教学目的:复习、巩固本课所学内容;训练学生掌握汉语的"把"字句。

Ⅲ．教学时间:2学时,100分钟。

Ⅳ．第二天基本的教学设计:

一、教学顺序:检查作业——语法句型——其他练习——读后说——预习——布置作业。

二、主要教学方法:师生互动,继续发挥轮流训练的作用。

三、基本教学思路:用汉语教汉语;继续贯彻听、说领先,读、写跟上的教学原则;继续加强快速反应能力训练。

Ⅴ．具体教学步骤和内容如下:

一、复习:检查作业——约20分钟

(一)课文:学生按照准备的问题互相问答。

(二)做练习3、4

做法:学生轮流按照自己准备的念出全句。(答案备用)

1. 练习3——(1)品尝　(2)最好　(3)打扫　(4)倒　(5)亲手　(6)摆　(7)幅　(8)对联

2. 练习4——(1)(7)(8)成　(2)给　(3)(5)到　(4)在　(6)在/到

(三)练习7——单数组学生说准备的句子,让双数组学生判断对错;反之,双数组学生说准备的句子,让单数组学生判断对错。

(四)听写——(49字,重复的汉字7个。听写5分钟。)

1. 他们把教室布置成会场了。

2. 她把门和窗户擦得很干净。

3. 我把桌子和椅子搬到黑板前边了。

4. 为什么把"福"字倒着贴在门上呢?

二、讲练语法——约 40 分钟

(一)板书"把"字句结构:

(主语)+"把"+宾语+动词+"在/到/给/成"+宾语

学生逐句齐读例句,然后个别学生轮流改成几种问句,并回答。注意重音所在。

例(1):

1. 加"吗":他把毛衣放到箱子里去了吗?
    ——他把毛衣放到箱子里去了。

2. 问主语:谁把毛衣放到箱子里去了?
    ——他把毛衣放到箱子里去了。

3. 问"把"的宾语:她把什么放到箱子里去了?
    ——他把毛衣放到箱子里去了。

4. 问宾语:她把毛衣放到哪儿去了?
    ——他把毛衣放到箱子里去了。

例(2)(3)(4)句,练习方法同(1)。

(二)让学生找出课文(一)里的其他"把"字句,并板书如下(板书时适当简化):

	谓语动词	其他成分
1. 她把教室	打扫	了一下儿。
2. 她把门窗	擦得	干干净净的。
3. 他们把圣诞树	装饰得	非常漂亮。
5. 我们把教室	布置	好了。
6. 你们把教室	布置得	真漂亮。
4. 我们没把这事	告诉	她。

(板书第 4 句时,上边留出板书第 5、6 两句的空。)

(三)小结以上句子,主要指出谓语动词后边一定要有其他成分:

——1、2、3、5、6 都是补语,4 是宾语。

三、做练习 1:学生轮流朗读语音(1)、(2)——约 5 分钟

四、做练习 5——约 15 分钟

做法:学生齐读例子("例"的问句中多一个"了"),然后,先读句子,再改成问句并用"把"字句回答(训练学生快速反应的能力)。(答案备用)

(1)你/她把钥匙放在什么地方(哪儿)了?

(2)你/她把那本书借给谁了?

(3)她已经把礼物寄给谁了?

(4)她打算把买来的画儿挂在哪儿(什么地方)?

(5)麦克还没把这封信翻译成什么文?(第 5 句的"了"应该删去)

(6)把我的手机号给你写在哪儿?

(7)你想把什么送给她?

(8)他们把什么种在院子里?

五、做练习 6——约 5 分钟

做法:学生齐读例子,轮流说出否定句("没"在"把"前边,句末不用"了")。

(第 5 句的"已经……了"在否定句中应该去掉)

六、做练习 10:读后说——约 10 分钟

(生词太多。除了 5 个补充词语外,还有:妈妈、小心、孩、急、扔、一下子。)

做法:学生阅读 3 分钟后回答问题:

1. 爸爸让儿子把头伸到火车的窗外去吗?

2. 儿子把头伸到窗外去了吗?为什么?

3. 爸爸为什么把儿子的帽子摘下来?

4. 儿子为什么把爸爸的帽子摘下来?

七、预习第十三课生词:领读——约 2 分钟

八、布置课后作业——约 3 分钟

(一)造句:根据自己身边的情况,造 4 个分别带"在/到/给/成"作补语的

"把"字句。(不要抄书上的句子)

(二)预习第十三课的要求:

1. 记生词,写汉字,准备明天听写。

2. 看课文(一),写出3个问题(自己不清楚的,或者供下次课练习用的)。

3. 看语法的英文翻译。

(三)收作业本。

Ⅵ. 板书准备(略)

Ⅶ. 教具准备(略)

Ⅷ. 课后小记(略)

附:《汉语教程》(修订本)第二册(下)第十二课《为什么把"福"字倒贴在门上》

第十二课 为什么把"福"字倒贴在门上

一、课文 Kèwén Text

(一)我们把教室布置成了会场

圣诞节和新年快到了,我们班准备在圣诞节前举行一个联欢晚会,请老师们也来参加。晚会上我们要唱中文歌,用汉语讲故事,表演节目,品尝各国的特色菜。班长要求我们那天把自己亲手做的菜带到晚会上来,让大家品尝。

玛丽说:"我们最好借一个大教室,把它布置成会场。"

前天,我们找到管理员,告诉了她借教室的事,她答应把那个大教室借给我们。昨天下午服务员把教室打扫了一下儿,把门和窗户也都擦得干干净净的。

我们把桌子摆成了一个大圆圈,爱德华把"圣诞—新年快乐"几个大字贴在了黑板上。

李美英说,晚会上她要和几个同学唱歌,跳舞,所以把音响也搬到教室里来了。爱德华昨天从商店买回来一棵圣诞树,我们把它摆在了教室的前边,用彩灯和彩带把它装饰得非常漂亮。

安娜是我们班最小的同学,她的生日正好是十二月二十五号,所以同学们还为她准备了一份生日礼物和一个生日蛋糕,但是我们还没把这事告诉她,我们想,到晚会上再把生日礼物拿出来送给她，给她一个惊喜，让她在中国过一个快乐的生日。

我们把教室布置好以后，请老师来看了看，老师高兴地说："你们把教室布置得真漂亮！"

为了开好这个联欢会，同学们都认真地做了准备。明天晚上六点钟，我们的晚会就要开始了，欢迎大家来参加。

（二）把对联贴在大门两边

(春节前，王老师和夫人高老师也在布置他们的家……)

高老师：哎，这幅画挂在什么地方比较好？

王老师：我想把它挂在中间。对了，小林还没把水仙花送来吧？

高老师：已经送来了，我把它摆在卧室里了。你来看，开得可好了。

王老师：把它摆在客厅里比较好。我把"福"字贴在门上吧。

高老师：把你写的对联也贴上去。（读对联）"新年新春吉祥，百行百业……"你是不是把"兴"字也写成"旺"字了？

王老师：哦，可不是嘛，写错了。应该是"新年新春吉祥，百行百业兴旺"。

（三）为什么把"福"字倒着贴在门上呢？

(麦克看见王老师家门上贴着对联，就问田芳……)

麦克：田芳，这就是你说的对联吗？

田芳：是啊。

麦克：门上这个字怎么念？

田芳：你仔细看看，认识不认识？

麦克：没学过。

田芳：这不是幸福的"福"字吗？过春节的时候，差不多家家都贴"福"字。

麦克：这是幸福的"福"字？为什么把"福"字倒着贴在门上呢？

田芳：这样，人们一看见就会说"福倒了"，听声音就是"福到了"。

麦克：哦，那我也去买一些"福"字来，把它倒着贴在门上、床上、桌子上、椅子上、沙发上、冰箱上、洗衣机上、空调上……等着幸福来找我。

二、生词 Shēngcí New Words

1.	品尝	（动）	pǐncháng	to taste
2.	特色	（名）	tèsè	salient feature; hallmark(or quality)
3.	亲手	（副）	qīnshǒu	with one's own hands; in person; oneself
4.	最好	（副）	zuìhǎo	had better; it would be best
5.	把	（介）	bǎ	(used when the object is placed before the verb, and is the recipient of the action)

6. 它	(代)	tā	it
7. 布置	(动)	bùzhì	to fix up; to arrange; to decorate
8. 会场	(名)	huìchǎng	place for a meeting
9. 管理员	(名)	guǎnlǐyuán	janitor in an organization
管理	(动)	guǎnlǐ	to mamage
10. 告诉	(动)	gàosu	to tell; to inform; to let know
11. 答应	(动)	dāying	to agree; to comply with; to answer
12. 打扫	(动)	dǎsǎo	to sweep; to clean
13. 窗户	(名)	chuānghu	window
窗	(名)	chuāng	window
14. 擦	(动)	cā	to wipe clean with a rag or tower
15. 桌子	(名)	zhuōzi	table; desk
16. 圆圈	(名)	yuánquān	circle; ring
17. 黑板	(名)	hēibǎn	blackboard
18. 音响	(名)	yīnxiǎng	stereo set including tape recorder, record player, radio, loudspeaker, etc.
19. 彩灯	(名)	cǎidēng	colored lights
20. 彩带	(名)	cǎidài	colored ribbon or streamer
21. 惊喜	(名)	jīngxǐ	an unexpected pleasant surprise
22. 宾馆	(名)	bīnguǎn	hotel
23. 夫人	(名)	fūren	wife
24. 幅	(量)	fú	(a classifier for painting, etc.)
25. 水仙	(名)	shuǐxiān	narcissus
26. 开	(动)	kāi	to bloom
27. 福	(名)	fú	luck; happiness; good forture; blessing
28. 字	(名)	zì	word; character
29. 对联	(名)	duìlián	rantithetical couplet
30. 新春	(名)	xīnchūn	(new) spring; spring time
31. 吉祥	(形)	jíxiáng	auspicious; lucky
32. 行业	(名)	hángyè	trade; profession
33. 兴旺	(形)	xīngwàng	prosperous
34. 哦	(叹)	ò	(expressing realization and understanding) Oh! I see.
35. 可不是	(副)	kěbúshì	right; exactly (expressing agreement)
36. 仔细	(形)	zǐxì	careful; carefully

37. 认识	（动）	rènshi	know; recognize
38. 声音	（名）	shēngyīn	voice; sound; vocality
39. 椅子	（名）	yǐzi	chair
40. 幸福	（形）	xìngfú	happiness
41. 倒	（动）	dào	inverted; upside down
42. 沙发	（名）	shāfā	sofa
43. 冰箱	（名）	bīngxiāng	refrigerator
44. 洗衣机	（名）	xǐyījī	washing machine
45. 空调	（名）	kōngtiáo	air-conditioner; air-condition

三、注释 Zhùshì Notes

（一）过春节的时候,差不多家家都贴"福"字

汉语中有些单音节名词也可以重叠使用,重叠以后表示"每"的意思。例如：

Some monosyllabic Chinese words can be reduplicated, too. The reduplicated form means "every". Examples：

家家＝每家　过春节的时候,差不多家家都贴对联。

天天＝每天　我天天都坚持锻炼一个小时。

人人＝每人　人人都要遵守交通规则。

（二）哦,可不是　Oh, exactly/you've said it.

"哦"叹词,表示醒悟,领会。

"哦" is an interjection indicating sudden realization or understanding.

四、语法 Yǔfǎ Grammar

"把"字句(1)　把-sentence (1)

"把"字句是介词"把"及其宾语在句子中作状语的动词谓语句。

把-sentence is a type of structure unique to the Chinese language. The preposition "把" and its object combine to function as an adverbial in a sentence in which the verb is the predicate.

汉语句子的谓语动词与结果补语是紧密结合在一起的。中间不能再插入其他成分。当谓语动词带"在"、"到"、"给"和"成"等作结果补语时,它们的宾语必须紧随其后。而谓语动词本身如有宾语,则这个宾语既不能置于动词之后,也不能置于结果补语之后,更不能置于"动词＋在/到/给/成"的宾语之后。因此,必须用"把"将谓语动词的宾语提到动词前边,组成"把"字句。

The predicate-verb in a Chinese sentence is often closely linked with a complement indicating a result. Usually no other elements can be inserted in between. When a predicate-verb takes "在"、"到"、"给"and"成"as its complement (of result), its object must immediately follow. If the predicate-verb itself has an object, this object cannot be placed after the verb, nor can it be placed after the complement of result or after the object of "Verb＋在/到/给/成". Therefore, we have to use the word "把" and put the object of the predicate-verb before the verb, to form a 把-sentence. (Please look at the examples below.)

"把"的作用就是"提宾"。提宾的目的是为了保持句子的平衡。因为在汉语的动词谓语句中，动词后边的成分不能太长、太复杂。而动词前面的状语可以很长、也可以很复杂。

"把"字句

The function of "把" is to move the position of the object (from behind the main verb to the front of it). The purpose of this is to keep the sentence in good balance. In a sentence with a verb as the predicate, the elements following the verb cannot be too long or too complex; however, the adverbial before the verb can be long and complex.

这类"把"字句表达通过动作使某确定事物（"把"的宾语）发生某种变化或产生某种结果。这种变化和结果一般是位置的移动、从属关系的转移和形态的变化等。

This type of 把-sentence is used to express the changes or the results brought about on the object of "把" through an action. These changes or results usually involve the changes in position, in dependence relationship or in condition.

"把"字句的结构是：

The structure of 把-sentence is：

> （主语）+把+宾语+动词+在/到/给/成+宾语+（了）
> (Subject) +把+ Object + Verb +在/到/给/成+Object+（了）

(1) 我把毛衣放到箱子里去了。

　　不能说：*我放毛衣到箱子里去了。

(2) 她把花儿摆在卧室里了。

　　不能说：*她摆花儿在卧室里了。

(3) 我把作业交给老师了。

　　不能说：*我交作业给老师了。

(4) 她把这篇课文翻译成了英文。

　　不能说：*她翻译这篇课文成英文了。

五、练习 Liànxí　Exercises

1. 语音 Phonetics

(1) 辨音辨调　Pronunciations and tones

xīngwàng　　xìng Wáng　　bùzhì　　búshì
dǎsǎo　　　　dàsǎo　　　　pǐncháng　píngcháng
xìngfú　　　　xīnkǔ　　　　jíxiáng　　jìxiàng

(2) 朗读　Read out the following phrases

把那瓶花放在桌子上　　　把名字写在本子上
把书摆在书架上　　　　　把对联贴在门两边
把车开到学校去　　　　　把菜放到冰箱里
把椅子搬到楼上　　　　　把她送到机场
把教室借给我们　　　　　把照片寄给妈妈
把作业交给老师　　　　　把信带给王老师
把生词翻译成英语　　　　把小说拍成电影
把美元换成人民币　　　　把教室布置成会场

2. 替换 Substitutions

(1) A: 把<u>这瓶花</u> <u>摆</u>在<u>哪儿</u>?

　　B: 把它<u>摆</u>在<u>客厅</u>里吧。

这张照片	挂	墙上
这幅画儿	挂	书房里
这张"福"字	贴	门上
车	停	门口
这些电话号码	写	本子上
这些书	放	书架上

(2) 她把<u>音响</u><u>搬</u>到了<u>教室</u>。

妈妈	送	医院
毛衣	放	箱子里
车	开	学校
孩子	带	国外
照片	放	书里
花	摆	客厅

(3) 把这件礼物 送给安娜。

这张照片	交	王老师
这张光盘	寄	弟弟
这本书	还	图书馆
这块蛋糕	送	女朋友
这些东西	带	我妈妈
这些钱	借	他

(4) A：你是不是想把这个教室 布置成会场？
　　B：对。(我想把教室 布置成会场。)

这个句子	翻译	英文
这本小说	拍	电影
这个屋子	布置	卧室
这本书	做	光盘
这个故事	写	一本书

3. 选词填空　Choose the right words to fill in blanks

对联　品尝　摆　倒　幅　最好　打扫　亲手

(1) 这是我亲手做的家乡菜，请您_____一下。
(2) 上课以前_____把课文和生词都预习一下。
(3) 我们把房间_____一下吧。
(4) 把"福"字_____着贴，我觉得很有意思。
(5) 这件棉袄是妈妈_____给我做的，不是买的。
(6) 把这瓶鲜花_____在客厅里吧。
(7) 把这_____画挂在那边墙上。
(8) 把买来的_____贴在大门两边吧。

4. 用"在、到、给、成"填空　Fill in the blanks with "在", "到", "给" or "成"

(1) 请帮我把这封信翻译_____英文，好吗？
(2) 我要把这块蛋糕送_____朋友作生日礼物。
(3) 我把她送_____机场就回来了。
(4) 把这幅画挂_____那儿不太好。
(5) 把这张桌子搬_____外屋去吧。
(6) 你把我的护照放_____哪儿了？
(7) "眼睛"的"睛"左边是"目"，你把它写_____"日"了。

(8)我的发音还不太好,常常把"是不是"说_____"四不四"。

5. 根据画线部分用疑问代词提问 Use interrogative pronouns to ask questions about the underlined parts

> 例:我把自行车放在门口了。
> → 你把自行车放在什么地方了(哪儿)了?

(1)我把钥匙放在<u>大衣口袋里</u>了。
(2)我把那本书借给<u>玛丽</u>了。
(3)她已经把礼物寄给<u>男朋友</u>了。
(4)她打算把买来的画挂在<u>宿舍的墙</u>上。
(5)麦克还没把这封信翻译成<u>英文</u>呢。
(6)把你的手机号给我写在<u>这儿</u>吧。
(7)我想把<u>这张照片</u>送给她。
(8)咱们把<u>这棵树</u>种在院子里吧。

6. 把下列肯定句改成否定句 Change the following into negative sentences

> 例:他已经把书还给我了。
> 他没把书还给我。

(1)他把那张画挂在大厅里了。
(2)我把那本词典放在书架上了。
(3)他把新买的DVD放在书柜里了。
(4)玛丽把自行车放在楼前边了。
(5)我已经把作业交给老师了。
(6)我想把这些钱借给他。
(7)他要把这篇文章翻译成中文。
(8)我把那些日元都换成人民币了。

7. 造"把"字句 Make 把-sentences

(1)书　　　放　　　书架
(2)椅子　　搬　　　楼上
(3)车　　　停　　　家门口
(4)画儿　　挂　　　墙
(5)作业　　交　　　老师
(6)礼物　　送　　　安娜
(7)照片　　寄　　　朋友
(8)句子　　翻译　　汉语
(9)美元　　换　　　人民币

8. 改错句 Correct the sentences
  (1) 我在书包里把词典放了。
  (2) 我应该送这个礼物给她。
  (3) 我用了两天的时间翻译这篇小说成英文。
  (4) 我常常把晚饭吃在饭店里。
  (5) 我挂新买的画儿在宿舍的墙上。
  (6) 我已经寄那张照片给妈妈了。

9. 遇到下列情况怎么说（用"把"字句） What should you say in the following situations (using 把-sentences)
  (1) 你买了一幅画，想挂在屋子里，你怎么和家人商量挂在什么地方？
  (2) 你想借你同学的手机用一下，怎么对他说？
  (3) 你在旅馆，要去住的房间，让服务员搬箱子到房间去。
  (4) 你想买一个手机，让营业员拿给你看看。
  (5) 玛丽要去医院看安娜，你想请玛丽带一束(shù；bunch)鲜花儿给她。
  (6) 在出租车里，你告诉司机在你的宿舍门口停车。

10. 读后说 Read and express

　　爸爸带着三岁的儿子坐火车去看奶奶。在火车上，儿子喜欢把头伸到窗外去。爸爸对他说："儿子，小心点儿，别把头伸到窗外去。"可是男孩不听爸爸的话，还是把头伸到窗外。这时爸爸悄悄地把儿子的帽子摘了下来，放在自己身后，然后对他说："你看，风把你的帽子刮跑了。"儿子急得哭了，哭着要他的帽子。

　　爸爸说："好，你对着窗口吹一口气，帽子就回来了。"

　　儿子就对着窗口吹了一口气，爸爸很快把帽子戴到他的头上。

　　儿子笑了，他想，这太有意思了，就一下子把爸爸的帽子摘了下来，扔到车窗外边去了，然后高兴地对爸爸说："爸爸，快！现在该你吹气了。"

补充词语 Supplemenfary words		
伸	shēn	to strench out
悄悄	qiāoqiāo	sneakly
帽子	màozi	hat
摘	zhāi	to take off; to remove
吹气	chuī qì	to give a puff

11. 写汉字 Learn to write

联
置

第十章 教案举例

诉	讠	诉	诉					
管	⺮	管						
理	丨	理						
擦	扌	扩	扩	扩	拌	拌	捺	擦
圆	冂	圆	圆					
板	木	板						
窗	宀	宀	宀	宊	穸	窗	窗	
祥	礻	礻	祥	祥				
旺	日	旺						
幸	一	一	幸	幸				
福	丶	亠	礻	礻	福	福		